管理与创业实验丛书

江苏省实验教学与实践教育中心建设项目
江苏高校品牌专业建设工程资助项目（TAPP）

U0731927

陈骏 段冀阳 朱雪春 编著

工业工程
专业 实训教程

TRAINING COURSE FOR
INDUSTRIAL ENGINEERING MAJOR

编委会主任：梅 强
副 主 任：杜建国 张海斌 李国昊
成 员：刘秋生 冯缨 李昕
刘晓松 张怀胜 金 帅
张道海 李 雯 杨晶照
赵广凤 张书凤 许玲燕
许 忠 白光林 陈洋
谢 刚 王建华 刘 曦

江苏大学出版社
JIANGSU UNIVERSITY PRESS
镇江

图书在版编目(CIP)数据

工业工程专业实训教程 / 陈骏，段冀阳，朱雪春编
著. — 镇江：江苏大学出版社，2017.7
ISBN 978-7-5684-0560-7

Ⅰ. ①工… Ⅱ. ①陈… ②段… ③朱… Ⅲ. ①工业工
程—教材 Ⅳ. ①F402

中国版本图书馆 CIP 数据核字(2017)第 189051 号

工业工程专业实训教程

Gongye Gongcheng Zhuanye Shixun Jiaocheng

编　　著/陈　骏　段冀阳　朱雪春
责任编辑/徐　婷
出版发行/江苏大学出版社
地　　址/江苏省镇江市梦溪园巷 30 号(邮编：212003)
电　　话/0511-84446464(传真)
网　　址/http：//press.ujs.edu.cn
排　　版/镇江华翔票证印务有限公司
印　　刷/江苏凤凰数码印务有限公司
开　　本/718 mm×1 000mm　1/16
印　　张/18
字　　数/283 千字
版　　次/2017 年 7 月第 1 版　2017 年 7 月第 1 次印刷
书　　号/ISBN 978-7-5684-0560-7
定　　价/39.00 元

如有印装质量问题请与本社营销部联系(电话：0511-84440882)

序

近年来,社会对于高校大学生的实践能力要求越来越高,但是大学生群体所具备的实践能力普遍不能够满足社会和企业的需要,尤其是对于管理类大学生实践能力的培养与社会需要之间存在的脱节现象,严重影响了人才培养目标的实现。高校迫切需要把培养学生的实践创新能力作为教育改革的重点,特别是管理类专业,其实践性和应用性要求很高,传统的理论教学模式无法满足管理能力培养的需要,因此,就更应加强实践培养模式和课程体系的创新,不断推进实践教学内容和教学方法的发展,而实验教学则是提升大学生实践创新能力的重要途径。

我国正处于"大众创业,万众创新"时代,大学生是"大众创业、万众创新"的主力军。2015 年 5 月,国务院发布《关于深化高等学校创新创业教育改革的实施意见》,文中既强调深化高等学校创新创业教育改革是国家实施创新驱动发展战略、促进经济提质增效升级的迫切需要,是推进高等教育综合改革、促进高校毕业生更高质量创业就业的重要举措,又突出要求各高校加强专业实验室、虚拟仿真实验室、创业实验室和训练中心建设,完善国家、地方、高校三级创新创业实训教学体系,深入实施大学生创新创业训练计划,开展创新创业实践活动。

江苏大学管理与创业综合实验中心是江苏省省级实验教学与实践教育中心,2015 年被教育部评为"全国高校实践育人创新创业基地",其教学团队已经构建起较为完整的管理与创业教学体系和先进的教学模式,其中"创业人生""创业管理"先后被评为国家精品视频公开课和国家精品资源共享课,《"塔式"立体化中小企业创业人才培养模式研究与实践》获国家教学成果二等奖和江苏省教学成果特等奖。管理与创业教学团队在多年的教学实践过程中,深刻认识到创业实践训练是创业管理教育中特别重要的一环,但也是相对薄弱的环节,要想让每位学生直接参加现实的管理与创业实践活动,显然在时间、成本、实际操作上都难以承受,而通过实验教学,模拟从事创业活动全过程的真实环境,让学生以最短的时间、最低的成本,完成相关管理与创业实践活动,从而实现管理与创业教育从单纯的理论教学走向理论与实践相结合的实训,具有重要的意义。

教学团队通过深入分析实验、实践教学与信息技术的发展趋势,引入模拟、实践相结合的管理与创业综合实战的设计思路,用信息技术、网络技术、教学软件等构建起管理与创业综合训练的创新教学实验平台,从实验、实践教学内容层面、模式层面、管理层面、技术层面进行了一系列的探索与创新,从而实现了实践教学层次化、实验模式多样化、实训内容综合化、实践环境真实化、学习资源共享化、教学管理信息化,为学生提供更为真实的实验教学体验。

"管理与创业实验丛书"是对上述实验、实训教学原则、教学思想、教学方法、教学手段和教学经验的归纳和总结,在编写过程中,力求顺应我国促进实验、实践教学改革的要求,采用分层次综合实验教学体系,依据管理与创业实验教学"实验、实训、实践、实习、创新"循序渐进的原则,让学生遵循"观、做、感、改、创"5个基本过程进行训练,巩固所学知识,提高实际动手能力,促进学生个性发展。努力构建以基础课程训练为主的基础课程实验层次,以专业课程训练为主的专业课程实验层次,以培养综合专业能力为主的综合设计实验层次,以培养自主创新、创业、研究能力,提升综合素质的综合实训、实习层次的实验课程教学体系。该丛书汇集了教学团队多年积累的大量的实验教学素材、案例、心得和体会,在综合考虑管理类各专业学科间所具有的相互融合趋势的基础上,为师生提供一个能够模拟企业经营管理各项职能、运作过程及互动关系,综合管理实验、创业实践,跨专业综合实训、实习的富有特色、较为完整的实验教学范本。

丛书的编写倾注了江苏大学管理与创业教学团队教师的大量心血,希望能为我国管理与创业实验教学资源添砖加瓦,为培养大学生的实验、实践能力提供借鉴和帮助。

管理与创业实验实践教育的改革远未完成,高水平的管理与创业实验实践教材还相对匮乏,需要更多有志于从事管理与创业教育的同仁共同努力,使之臻于完善,从而为培养更多具有创新、创业能力的管理人才作出应有的贡献。

2016 年 4 月于江苏大学

前　言

近年来,工业工程专业在制造业中的需求越来越受到重视,企业希望工业工程专业人才能解决生产和管理中的实际问题。这也给我们的教学工作提出了越来越高的要求,尤其是在实践教学方面,必须有所提高。另外,工业工程是一门实践性很强的学科,在实施课程教学的过程中,需要有大量的实验来辅助教学,这样才能达到更好的教学效果。按照现代工业工程专业的培养目标,课程教学中所需要的实验内容和实验项目也变得更加丰富和复杂。以往传统的实验教学无论是从内容还是模式上都难以满足现代工业工程培养人才的需求。因此,需要根据新的培养计划和课程体系,设计一系列工业工程专业教学的实验体系。在课堂理论教学的基础上,把学生应该掌握的基本知识和技能通过系统的实验和课程设计项目加以强化训练,以发挥新的培养计划和课程体系的整体效能。

本教程的编写遵循这样一个思路:根据新的教学计划和课程体系设置工业工程专业实验教学体系,主体部分是各专业课程的实验指导书,包括基础工业工程、人因工程、生产计划与控制、现代制造系统、系统工程、设施规划与设计、生产物流系统建模与仿真、智能算法与应用、ERP 原理与实施、供应链管理等,此外还包括工程经济学、设施规划与物流分析等课程设计指导书,供师生参考。

本教程是江苏大学管理学院工业工程系各位教师和相关实验室人员在多年开发实验项目和积累的实践教学经验基础上整理完成的。它涵盖了工业工程专业的所有专业主干课程和部分选修课程的实验和课程设计。

本书共有 12 章,第 1 章(朱雪春)、第 2 章(赵艳萍)、第 3 章(陈骏)、第 4 章、第 12 章(贡文伟)、第 5 章(王建华)、第 6 章(王兆华)、第 7 章(段冀阳)、第 8 章(孟庆峰)、第 9 章(孙立成)、第 10 章(曲亚萍)、第 11 章(罗建强),陈骏统稿。江苏大学出版社的杨海濒老师为本书的出版做了大量的工作,在此一并感谢。

由于编者水平有限,缺点错误在所难免,请读者批评指正。

编　者

2017 年 6 月

目　录

第1章 基础工业工程

实验 1.1 流程程序分析

【实验目的和要求】

(1) 学会用程序分析符号画出产品(或零件)的流程程序图及线路图;

(2) 学会用 5W1H 提问技术发掘问题,用 ECRS 原则来改进程序。

【实验内容】

(1) 选择空调器装配线工序为对象;

(2) 制作各种流程程序图表及车间平面布置线路图。

【实验仪器及器材】

(1) 摄录像机;

(2) 电视机;

(3) 计时器。

【实验步骤及方法指导】

(1) 将空调器装配线摄录下来。

(2) 按照下列内容针对所录图像进行考查提问:

① 如何减少工序数,安排最佳顺序使各工序尽可能经济化;减少搬运合并工序,找出最经济的移动方法,尽可能地减少在制品的贮存;在最佳位置设置尽可能少的控制点。

② 探讨现有的工序、设备、操作及贮存位置、产品设计、所购材料规格、目前的状况,以及为什么采用目前的状况。

③ 针对目前装配线上的状况考虑能否在"取消、合并、重排、简化"(ECRS)的原则上建立新的流程。

(3) 根据表1.1所列的空调器装配线工序划分及各工序时间,结合录像完成实验报告。

表1.1 空调器装配线工序划分及各工序时间

工序号	工 序 名 称	工序时间/s	工序号	工 序 名 称	工序时间/s
1	压机、热交换器放底盘、放隔板	50	14	装冷顶板、直支板、斜支板	122
2	插管子、充 N_2 保护	60	15	装面板、温包、整理工序	106
3	焊接	92	16	绝缘、耐电压、装旋组	45
4	焊接	13	17	测试、排板	83
5	水试、返修	103	18	倒水、吹水、贴泡沫	53
6	倒水、吹水、上螺丝、上架	61	19	电子检漏、梳散热片	105
7	真空干燥	83	20	套外壳、上螺丝	45
8	下架、充氟封口	57	21	装面板、贴铭牌	37
9	胶、起吊、落座送工艺底盘	88	22	终检	88
10	上隔板和冷凝器螺丝	99	23	起吊包装	77
11	插压机线	52	24	贴带	20
12	装蒸发器顶板、上盖板	100	25	捆扎	9
13	插压机、风机线	122	26	抬下摆放	580

【实验报告】

(1) 绘制工序程序图

① 改进前(根据生产现场或录像资料及表1.2所列的工序名称及时间绘制工艺程序图)。

表1.2 工序名称及时间(改进前)

工作物名称： 方法：	内容	次数	时间/h
	操作		
工作部门：	检验		
	合计		

② 改进后(应用5W1H法和ECRS法针对改进前工艺程序图进行改进并绘制改进后的工艺程序图)。

表1.3 工序名称及时间(改进后)

工作物名称： 方法：	内容	次数	时间/h
	操作		
工作部门：	检验		
	合计		

③ 改进内容说明。

④ 改进后的效果评价。

(2) 绘制流程程序图

根据生产现场或录像资料(或空调器装配工艺程序图)绘制流程程序图(含改进前及改进后的评价)。

实验1.2 双手操作分析

【实验目的和要求】

(1) 学会用计时器来测定操作时间；

(2) 训练双手操作左、右手的协调能力；

(3) 了解工作时间标准的制订用以控制人工成本。

【实验内容】

(1) 选择双手操作实验的研究对象,作为时间研究的实验；

（2）计算每位被试的平均操作时间；

（3）对实验所记录的时间进行分析。

【实验仪器及器材】

（1）销子；

（2）插销盒；

（3）计时器。

【实验步骤及方法指导】

（1）分发扑克牌实验（见图1.1），正常分发速度为30秒。

① 将52张按花色分发到4点，每次记一时间值，每组3人，每人5次。

② 计算每人的平均时间 T。

$$T = \frac{\sum_{i=1}^{s} t_i}{N}$$

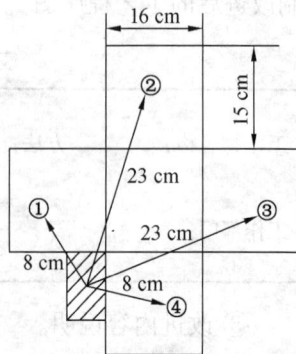

图1.1　分发扑克牌示图

式中：N—实验次数。

（2）插销子（见图1.2），正常插销子速度为30秒。

① 双手同时操作，将21根销子插入孔内，每次记录一个时间值，每组3人，每人5次。

② 按步骤（1）的方法计算每人的平均时间。

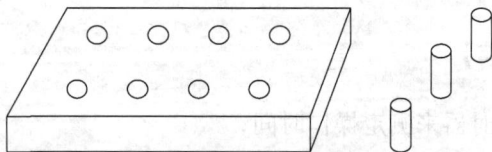

图1.2　插销示意图

（3）注意事项。

① 计时从手接触第一张牌（第一个销子）开始到手离开最后一张牌（最后两个销子）。

② 尽可能用自己的正常速度进行实验。

【实验报告】

（1）完成的时间是否是正常速度所耗时间，若不是试分析原因。

（2）将数据分别填入表1.4和表1.5。

表1.4　实验数据

顺　序	第1次	第2次	第3次	第4次	第5次
时间/s					
$\sum t$			T		

表1.5　实验数据

顺　序	第1次	第2次	第3次	第4次	第5次
时间/s					
$\sum t$			T		

实验1.3　人机操作实验

【实验目的和要求】

（1）掌握操作程序图的绘制方法；

（2）了解操纵程序分析的原理应用。

【实验内容】

（1）选择某一电子产品为装配工序对象；

（2）绘制人机操作程序图。

【实验仪器及器材】

（1）电子产品及其零件；

（2）各种拆装工具（螺丝刀等）；

（3）计时器；

（4）摄录像机；

（5）电视机。

【实验步骤及方法指导】

（1）熟悉工作内容，了解装配要求。

（2）清理工具和装配件，布置工作地。

（3）按照装配要求装配：

① 设计装配的操作程序方案2个。

② 按方案布置工作地（包括工具、零件、成品等）。

③ 按方案进行装配操作并记录各操作的时间。

a. 将作业分解为若干操作并划分左、右手的操作内容，填入表1.6和表1.8；

b. 确定各操作的定时点，定时点为前一个操作结束后及后一个操作开始的分界点，应选择容易听到声音或看到动作的那一瞬间作为定时点；

c. 按定时点记录各操作的时间并填入表1.7和表1.9。

（4）对操作程序方案进行分析：

① 评出较优操作程序方案并说明原因。

② 对该部件装配操作提出改进意见（包括工作地布置及工夹具的设计和改进）。

（5）实验的组织：

① 分组：每组8~10人。

② 分工：操作、计时、记录各一人。

【实验报告】

（1）图表记录

方案一的实验数据填入表1.6和表1.7。

表 1.6　实验数据

左　手	时间/min	符　号	时间/min	右　手

表 1.7　实验数据

项　目	左　手	右　手	备　注
○			
⇨			
H			
D			
合　计			
时间利用率			

方案二的数据填入表 1.8 和表 1.9。

表 1.8　实验数据

左　手	时间/min	符　号	时间/min	右　手

表 1.9　实验数据

项　目	左　手	右　手	备　注
○			
⇨			
H			
D			
合　计			
时间利用率			

（2）实验分析

① 最优方案是方案一还是方案二。

② 说明原因。

③ 分析并提出改进意见。

实验 1.4　工作抽样

【实验目的和要求】

（1）学会"工作抽样"法对某一具体情况的应用；

（2）了解"工作抽样"法用于平衡各部门的工作，提供无效时间比率和生产的原因。

【实验内容】

（1）确立调查目的与范围；

（2）决定观测方法；

（3）试行观测、决定观测次数；

（4）对观测的结果做出结论。

【实验仪器及器材】

（1）摄录像机；

（2）电视机；

（3）计时器；

（4）各类文具。

【实验步骤及方法指导】

（1）选择某一具体情况作为实验对象，将其工作过程摄录下来。

（2）调查机器设备开动率，观测项目可分为"工作""停止""闲置"三项。

（3）观测前，绘制被观测的设备和操作者分布的平面图和巡回观测的路线图。

（4）设计调查表格。

（5）试观测后，按照调查的项目分类、观测方法、调查表格计算，得出观测事项的发生率，按照下面的公式决定正式观测次数及观测日数。

相对精度一般在 5%，可靠度 95%，绝对精度 3%，则

$$n = \frac{4(1-P)}{(S \times S)P}$$

式中：P—观测事件发生率；

S—相对精度。

（6）正式观测前需决定每次观测的时刻，按照随机起点等时间间隔法或分层抽样法，根据实际情况决定观测时刻。

（7）按既定的观测时刻观测，并按预定的抽样调查项目，将观测的活动状态准确地记录在调查表上。

【实验报告】

（1）剔除异常值，按下列公式确定管理界限：

$$管理界限 = P \pm 3\sqrt{\frac{P(1-P)}{n}}$$

式中：P—观测事项发生率的平均值；

n—平均每日观测次数。

根据计算结果绘出管理图。

（2）计算绝对精度和相对精度，决定观测是否有效。

绝对精度：

$$E = 2\sqrt{\frac{P(1-P)}{n}}$$

相对精度：

$$S = 2\sqrt{\frac{1-P}{n}}$$

（3）得出结论，并有针对地提出改进措施。

实验 1.5　模特法应用实验

【实验目的和要求】

（1）根据生产现场某一工序或录像资料记录一个工序的动作程序；

（2）学会用模特法计算工序的标准时间并平整流水线。

【实验内容】

（1）运用模特法（MOD 法）根据工作物流图、工作地布置和操作方法，预先计算出完成一项工作所需要的正常时间；

（2）选择一条简单而又不平衡的流水线作为实验对象，对各工位计算模特法的时间值和工序的标准时间；

（3）用时间研究方法计算的时间值与模特法计算的时间值进行比较，绘制时间－工位图；

（4）用方法研究及动作经济原则进一步平整流水线，画出平整后的时间－工位图。

【实验仪器及器材】

（1）摄录像机；

（2）电视机；

（3）计时器；

（4）各类文具。

【实验步骤及方法指导】

（1）按照左、右手动作单元记录模特数。

（2）计算每一个工位的模特时间值并换算成普通时间。

（3）用模特法计算得出该工位的标准时间。

（4）用秒表测时得到的各工位的标准时间与模特法测出的标准时间进行比较。

（5）检查各工位时间，用方法研究各有关技术（如操作分析、动作分析）及动作经济原则进行改造，使各工位时间趋于平衡。

【实验报告】

（1）绘制时间－工位图（用 MOD 值表示），工位为横坐标，时间为纵坐标（见图 1.3 和图 1.4）。

图 1.3 原方案

图 1.4 改进方案

（2）秒表测时与模特法计算标准时间的方法评价。

（3）提出改进意见。

（4）记录工序的动作程序图（见表1.10）。

（5）改进后的效果评价。

表1.10　记录工序的动作程序图

产品名称				产品型号		
工序内容						
序号	左手操作内容	分析式	右手操作内容	分析式	次数	时间

实验 1.6 标准作业程序（SOP）制作

【实验目的和要求】

（1）学会将某一事件的标准操作步骤和要求用统一的格式描述出来，以指导和规范日常工作；

（2）学会在计算机上进行动作研究和时间研究软件的操作。

【实验内容】

（1）选择某一电子产品为装配工序对象；

（2）完成标准作业程序图。

【实验仪器及器材】

（1）摄录像机；

（2）电脑；

（3）达宝易软件。

【实验步骤及方法指导】

（1）熟悉工作内容，了解装配要求。

（2）将电子产品装配摄录下来。

（3）根据摄像进行动作分析和操作分析。

（4）输出 IE 报表。

【实验报告】

完成标准作业程序，将实验数据填入表 1.11，形成实验报告。

表 1.11　实验数据

序号	图示	作业过程	材料和工具	注意事项

第 2 章　系统工程

实验 2.1　系统环境分析

【实验目的和要求】

（1）根据教师提供的问题分析,进一步明确系统环境分析的因素范畴;

（2）运用所学系统环境分析的知识,结合个人的职业生涯规划,对其进行环境因素分析和目标树的建立。

【实验内容】

系统环境的因素分为以下三个方面:

（1）物理和技术环境,系统存在的基础,即由于事物的属性所产生的联系而构成的因素和处理问题中的方法性因素;

（2）经济的,经营管理环境,系统存在的根本目的,这是影响系统经营状态和经济过程的因素;

（3）社会的(人际的),来自于人或集团关系的因素,系统存在的基本依据。

系统分析的任务就是从大量的环境因素中,根据系统问题的特殊性,确定哪些是重要的,是必须分析考虑的。通常采用抓主略次、特尔菲法、头脑风暴法。

为了让学生更好地了解系统环境分析的基本要素知识,以"在镇江建立一汽车基地"为对象,分析讨论后,确定应考虑哪些环境因素。

最后综合内部条件与外部环境,运用 SWOT 分析法构造 SWOT 矩阵,设定系统的目标与方向,形成系统的发展战略。

本实验要求全班学生进行分组讨论,每组 5~6 人,每位小组成员都要参与本实验教学。

【实验仪器及器材】

无

【实验步骤及方法指导】

(1)在讲述"系统环境分析"一课前,根据教师提供的问题背景,形成小组拟分析的问题,组建由 5~6 人组成的小组,并形成小组拟分析问题的初步结论。

(2)由教师组织,课堂交流各小组结论,最后形成讨论结果。

(3)对比系统环境分析的理论内容,找出差异,建立完整的理论知识。

(4)运用 SWOT 分析法,设定系统的目标与方向。

(5)运用目标–手段法建立系统目标树。

【实验报告】

(1)以个人的职业生涯规划为例,用 SWOT 分析法、目标–手段分析法对其进行环境因素分析和目标树的建立,并完成相应的报告。

除标题、作者以外,报告内容包括实验目的和要求,正文须包括外部环境分析、个人自身因素分析、SWOT 矩阵构建、个人发展目标与方案制订、通过分析建立个人发展的目标树。可根据各人的不同情况做一定调整。

(2)报告撰写须采用规范的学术语言,格式须符合学术论文格式,具体请参考《江苏大学学报(社会科学版)》排版要求。

实验 2.2　系统分析基本原理的应用

【实验目的和要求】

(1)结合实际提出一个可用系统分析原理加以分析的具体问题;

（2）运用所学系统分析原理及其分析方法,探讨具体问题的解决思路与方案;

（3）初步掌握结合课程所学内容进行课外文献查阅的途径和方法;

（4）训练团队合作。

【实验内容】

结合课程内容,阅读管理学及系统工程、工业工程物流管理流程等方面学术刊物上的相关文章或有关研究报告。

通过观察现实社会经济系统、学习生活环境系统,结合实际提出一个需要解决的问题,运用本课程学习的系统分析原理进行分析,提出解决该问题的思路与方案。

要求将全班学生进行分组,每组 3~5 人,每位小组成员都要参与实验教学内容。

【实验仪器及器材】

计算机。

【实验步骤及方法指导】

（1）在"系统分析"一章结束后,结合实际提出一个可用系统分析原理加以分析的问题;以此为基础,组建由 3~5 人组成的系统分析小组,并形成小组拟分析的问题;选题须在小组讨论后联系任课教师指导,经同意后方可开始进行分析。

（2）结合课程内容,指定主要阅读刊物:《工业工程与管理》《工业工程》《系统工程理论与实践》《系统工程》《系统工程理论、方法与应用》《系统工程学报》。

（3）随着课程内容的推进,各小组完成应用系统分析报告的框架及分析解决的具体内容,结课前在全班进行交流;课程全部结束后,完成正式的系统分析报告。实验报告的撰写须联系任课教师指导,经修改后正式提交报告。

【实验报告】

（1）每小组以小论文形式完成系统分析基本原理应用的报告。除标题、作者以外,正文须包括实验目的和要求、引言(研究背景及意义)、研究主题的现状分析、基本原理或方法(至少一个)的应用过程分析、结论(结果讨论或建议)几部分。可根据选题的不同做一定调整。

（2）论文撰写须采用规范的学术语言,格式须符合学术论文格式,具体请参考《江苏大学学报(社会科学版)》排版要求。

第 3 章　生产计划与控制

实验 3.1　产品组装流水线设计

【实验目的和要求】

（1）能正确运用工业工程基本原理及有关专业知识，学会从产品入手对工厂流水线生产系统进行调研分析的方法；

（2）通过对某流水线生产系统设计的实际操作，熟悉流水线的规范设计程序；

（3）通过课程设计，培养学生学会如何编写有关技术文件；

（4）通过课程设计，初步树立正确的设计思想，培养学生运用所学专业知识分析和解决实际技术问题的能力。

【实验内容】

产品组装流水线设计的主要目标是：培养学生如何分析、发现现有生产系统方面存在的问题并加以改善的工作能力，以及掌握完整的流水线设计方法。具体内容与工作量要求如下：

（1）结合企业实际确定设计任务。组建一条电脑装配流水线（和物料供应系统）。

（2）进行作业分析。包括确定装配流程、制定各工序的标准作业和定额时间。

（3）决定编制项目。确定节拍时间、工序数、流水线的均衡率、输送带的形式和布置及物料和配件的供应方式。

（4）流水生产线的组织设计。流水线节拍和生产速度的确定；设备需要量和负荷的计算；工序同期化设计；工人配备；运输传送方式的设计；流水线平面布置的设计；流水线工作制度。用能力平衡和物流平衡两种方式对流水线进行平衡，评价两个方案的优劣。

（5）图样工作置。图样是流水线设计的阶段成果与最终成果，包括产品组装流程图、作业分析图、流水线布置方案图。

【实验仪器及器材】

（1）产品（电扇）；

（2）输送带；

（3）计时器，拆装工具。

【实验步骤及方法指导】

（1）组装工艺分析

大型企业在组装电扇时通常采用流水作业形式。因为组织流水作业要有许多条件，而最基本的条件则是产品固定、品种少、数量大、生产稳定。

（2）工艺流程设计和分析

为较准确地确定生产线人员的数量，需对所要投产的产品装配加工进行工序分析，即对电扇装配使之成为成品这一过程的所有作业进行分解，掌握各加工步骤的作业性质、先后顺序、所用设备及耗费的时间等重要参数，列出工艺流程图或工序分析表。经过工序分析后，其装配工艺流程中各工序时间是根据有关的资料和经验，以提高操作人员的积极性为目标，考虑作业员的技能水平、情绪、浮余时间等因素，从而得出标准的加工时间。

（3）流水线平衡设计方案

① 装配作业流程确定；

② 定流水线生产节拍；

③ 计算最少工作人数；

④ 流水线的平衡设计；

⑤ 装配流水线平衡设计方案的选择。

【实验报告】

针对整个实验撰写工作总结,具体内容应包括现场调研报告及流水线设计各阶段的工作内容。工作内容包括各阶段工作数据表格、各布置方案简图及工作内容文字说明。字数要求不少于 3000。

实验 3.2　DBR 现场实战模拟

【实验目的和要求】

(1) 通过现场模拟检验约束理论的应用;

(2) 通过现场模拟深刻理解 DBR;

(3) 直接体验 DBR 的益处。

【实验内容】

(1) 由实验小组做角色分派;4 位工作站作业员——A、B、C 和 D;1 位厂长;1 位生管员。

厂长负责管理和协调工作;生管员负责规划下料时间及何时投何种订单给工厂生产;4 位组员分别为四站的作业员,其工作内容为"派工"及"加工"。

(2) 接单说明:

市场上目前有产品#1～#4 各 9 张。每种产品模拟结束需完成至少各 4 张。每天都可以接单、每天接单的数量均不限制、接单填妥交期并立即交给生管,准备下料发工。

(3) 每一小组根据市场需求模拟 4 种产品的生产过程,根据约束理论优化产品结构,使企业获得最大利润。最终得出最佳产品结构组合。

【实验仪器及器材】

(1) 自制派工单;

(2) 计算机。

【实验步骤及方法指导】

（1）现场说明（见图3.1）：工厂只有4个工作站：A、B、C和D；工厂只生产4种产品：产品#1、产品#2、产品#3、产品#4。4种产品的生产流程分别为：

产品#1：A—B—A—D。

产品#2：C—D—B—B。

产品#3：A—C—B—C。

产品#4：A—B—B—D。

每一产品在每一工作站的生产加工时间均为一天，意思是每一产品的理论生产周期时间均为4天。

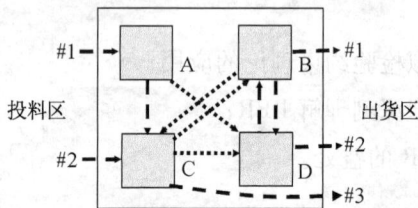

图3.1　现场说明

工作站与产能：4位组员分别扮演4站的作业员，其工作内容为"派工"及"加工"每站都有其独特加工能力，所以不能互换或相互支持。"加工"的内容为"填数据"记录订单于该站哪一天完成。

游戏开始前工厂有在制品：B作业员有一张产品#1的工单，A作业员有产品#3与#4工单各一张。

接单说明：市场上目前有产品#1～#4各9张。每种产品模拟结束需完成至少各4张。每天都可以接单、每天接单之数量均不限制，接单填妥交期并立即交给生管，准备下料发工。

生管人员职责说明：生管负责将工单发到现场。每天不限数量、不限产品种类，均可以发到现场工作。需注意交期及生产数量的基本规定，进行现场派工及指挥工作中心进行作业。每种产品各有9张订单，客户要求××天内每一产品至少要出货4张订单。

客户希望每一张订单一投入生产后能够以最快的生产周期（或总工作时间）完成交货。

（2）4 种产品基本资料与条件见表 3.1。

表 3.1　产品基本资料与条件

产品	售价/元	材料成本	基本订单数量	制造程序	期初 WIP 及所在位置
#1	275	150	4	A—B—A—D	机台 B 前有一件
#2	375	110	4	C—D—B—B	—
#3	240	90	4	A—C—B—C	机台 A 前有一件
#4	305	95	4	A—B—B—D	机台 A 前有一件

（3）各小组根据以上产品基本资料与条件进行作业模拟。

（4）通过计算模拟结果对各小组的运营效果进行评价。

【实验报告】

整个实验工作的总结,应包括至少 3 个作业模拟方案及最佳作业方案。

第4章 设施规划与设计

实验 4.1 物流系统仿真及优化实验

【实验目的和要求】

(1) 综合训练物流系统分析及优化的基本原理,巩固和加强对理论的认识和理解;

(2) 熟悉 Factory FLOW 基本原理,并通过对实验装置的操作和对实验现象的观察,使学生掌握一定的基本实验技能,积累一些感性认识;

(3) 通过对实验项目的设计和操作,培养学生的创新思维和动手能力,解决企业物流系统实际问题的能力及实事求是的科学态度。

【实验内容】

(1) 了解 Factory FLOW 基本原理;

(2) 运用 Factory FLOW 的基本方法进行物流系统的仿真及优化设计。

【实验仪器及器材】

(1) 自动化立体仓库及一套能自动装卸的运输系统;

(2) 自动引导小车(AGV 小车);

(3) 一套计算机控制系统及信息通信网络。

【实验步骤及方法指导】

实验背景介绍:工厂装配一种椅子,椅子 BOM 如下:

- · 1 seat
  - · 1 back consisting of：
    - ▪ 1 back rail
    - ▪ 3 back spokes
  - · 4 legs consisting of：
    - ▪ 1 leg spindle each
    - ▪ 1 foot hardware each
  - · 4 cross braces

图 4.1 说明了组装的物料流程，从图中可以看出：所有的部件先从接受站台（Rec Dock ）运至中央仓库（Central Store），然后运至装配各工作站（Station）。箭线上或下的说明文字指明各种部件从箭尾站点流至箭头站点所用的装运工具和一次装载量。这些数据是运行 Factory FLOW 所必需的，请根据下面的步骤进行操作：

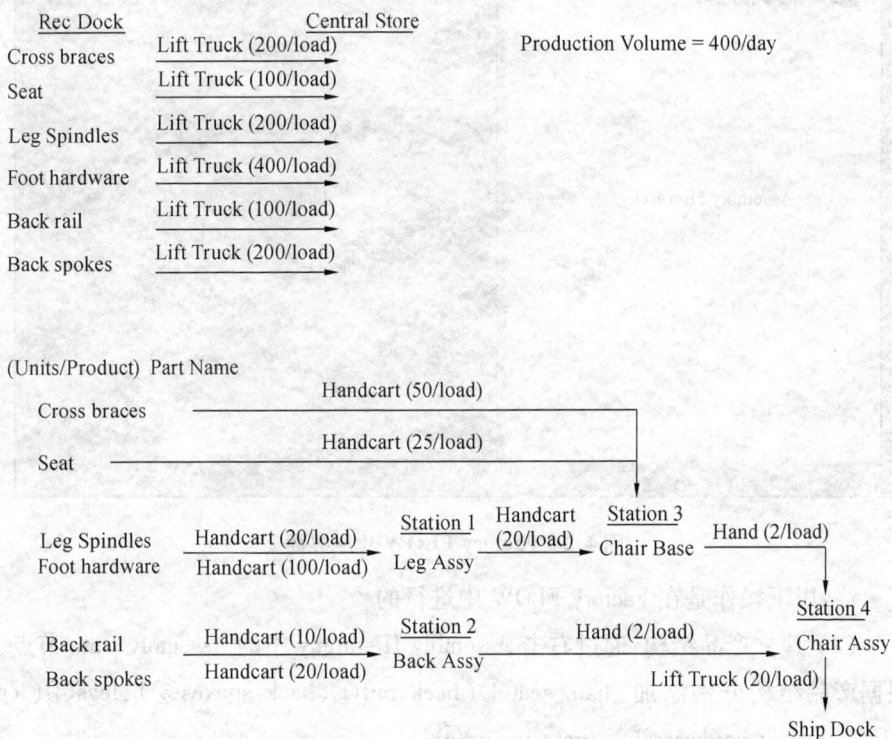

Rec Dock	Central Store	
Cross braces	Lift Truck (200/load)	Production Volume = 400/day
Seat	Lift Truck (100/load)	
Leg Spindles	Lift Truck (200/load)	
Foot hardware	Lift Truck (400/load)	
Back rail	Lift Truck (100/load)	
Back spokes	Lift Truck (200/load)	

(Units/Product) Part Name

Cross braces —— Handcart (50/load)

Seat —— Handcart (25/load)

Leg Spindles —— Handcart (20/load) —— Station 1 Leg Assy —— Handcart (20/load) —— Station 3 Chair Base —— Hand (2/load)

Foot hardware —— Handcart (100/load)

Back rail —— Handcart (10/load) —— Station 2 Back Assy —— Hand (2/load) —— Station 4 Chair Assy

Back spokes —— Handcart (20/load)

Station 4 Chair Assy —— Lift Truck (20/load) —— Ship Dock

图 4.1　组装的物料流程

（1）初始化 Factory FLOW（下面的双引号内的英文对应程序、菜单或文件，"→"表示操作的紧后操作）。

① 打开"AutoCAD"→"Chair Assembly. dwg"；

② 单击菜单"Factory"→"Factory FLOW"→"Factory FLOW Editor"，将打开 Factory FLOW 程序，该程序要用户选择一个 ∗.flo 文件，请选择"Factory FLOW. flo"，该文件是系统自带的文件，请选择菜单"Save as …"将其另存为"chail.flo"（存于用户自建的文件夹中）供用户修改和练习。

说明：Factory FLOW 程序界面如图 4.2 所示，左边"Assembly Hierarchy"提供产品结构、搬运设备、活动路径的编辑功能，右边"Data Window"提供数据编辑功能。

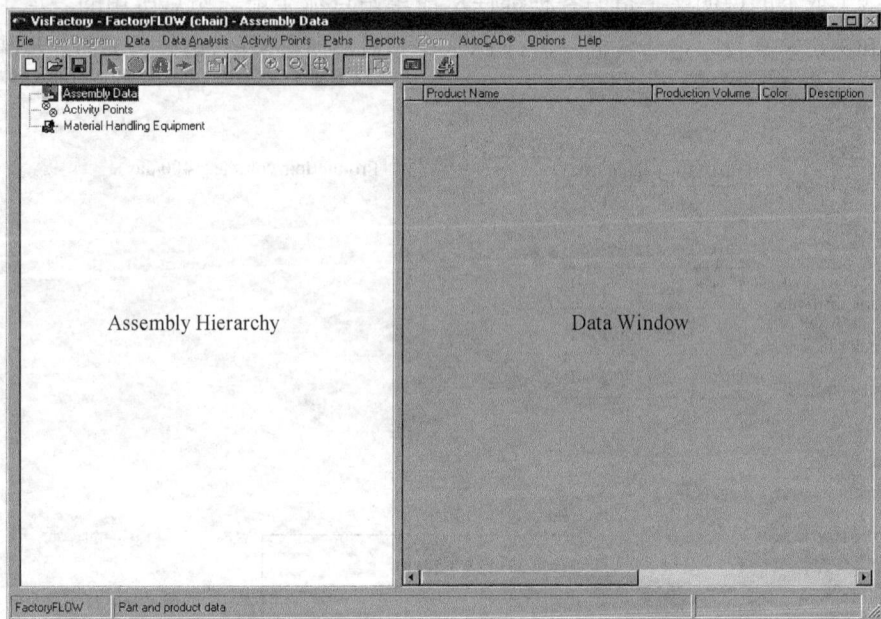

图 4.2　Factory FLOW 程序界面

注：以下操作是在 Factory FLOW 中进行的。

（2）建立产品结构：通过右击 Assembly Hierarchy 中的 Assembly Data 节点，根据产品结构分别添加 chair、seat①（back rail①、back spokes③）、legs④（leg spindle①、foot hardware①）、cross braces④。

（3）建立物料搬运设备：通过右击 Assembly Hierarchy 中的 Material Handling

Devices 节点,在弹出式菜单中选择"New Material Handling Device",在出现的对话框中填入相关数据。

（4）建立工作站点和各物料的流动路径:本步骤设计的工作站点并不表示实际工作站点之间的相对位置,而是为了设定每种物料流动的起始和终止站点,并设定物料在各站点之间流动所用的搬运工具及其搬运能力,各工作站点之间的相对位置将通过 AutoCAD 布置图给出。

① 设定 back rail 的流动方式:先单击 Assembly Hierarchy 窗口中的 back rail 部件,此时右边窗口将变为"Flow Diagram Window",在此窗口中单击鼠标右键,在弹出式菜单中选"Add activity Point",为活动点命名为"Rec Dock",单击"OK",将弹出说明此活动点不存在的对话框,问是否新建,选择"OK"来创建本站点。然后在对话框中设定本站点的类型"DOCK"等,确定之后,将在"Flow Diagram Window"中出现"Rec Dock"文字及图形。

重复上面步骤,建立类型为"Storage"、名称为"Central Store"的站点。

接着就要设定 back rail 在这两个站点的流动。在"Flow Diagram Window"中单击右键,选择"Add flow arrow",先选"Rec Dock",再选"Central Store",再在对话框中选定搬运工具为"Fork1",每次搬运为 100。

② 重复步骤①,设定其他部件如 back spokes、leg spindle、foot hardware 和 cross braces 的流动方式。

（5）连接工作站点与布置图(* . dwg):通过 Factory FLOW 程序界面上菜单"Activity Points"→"Add Missing Activity Points to Drawing",在"AutoCAD"中,将各工作站点定位。

（6）进行几何运算:通过 Factory FLOW 程序界面上菜单"Data Analysis"→"Calculation",在对话框中确定实际距离和". dwg"图形距离的比例,指定计算结果文件的存储路径,然后单击"Calculate",得到本物流系统运行状态文件。

【实验报告】

（1）根据产生的文件,分析本物流系统的优缺点,提出优化物流系统的措施。

（2）报告撰写须采用规范的学术语言,格式须符合学术论文格式,具体请参考《江苏大学学报(社会科学版)》排版要求。

实验 4.2　计算机辅助设施布置实验

【实验目的和要求】

（1）综合训练"系统布置设计（SLP）"的基本原理和方法，巩固和加强对理论的认识和理解；

（2）熟悉 Factory Plan 基本原理，并通过对实验装置的操作和对实验现象的观察，使学生掌握一定的基本实验技能，积累一些感性认识；

（3）通过对实验项目的设计和操作，培养学生的创新思维和动手能力，解决实际设施布置问题的能力及实事求是的科学态度。

【实验内容】

（1）了解 Factory Plan 基本原理；

（2）运用 Factory Plan 的基本方法进行系统设施布置设计。

【实验仪器及器材】

（1）自动化立体仓库及一套能自动装卸的运输系统；

（2）自动引导小车（AGV 小车）；

（3）一套计算机控制系统及信息通信网络；

（4）一套计算机辅助设施布置的系统软件。

【实验步骤及方法指导】

制造车间可能包括多种操作单元，各单元需要一定的作业空间，并且各单元之间具有一定的相关性。可以通过 Factory Plan 来自动布置工作单元，使它们满足相关性要求。实验要求：作业单元及其相关信息如表4.1所示。

表 4.1　作业相关信息

作业单元名称	所需面积	说明
WC_1	200	处理 1
WC_2	250	检验
WC_3	250	加工 2
WC_4	400	加工 1
WC_5	100	办公室
WC_6	360	办公室
WC_7	350	加工 3
WC_8	250	处理 2

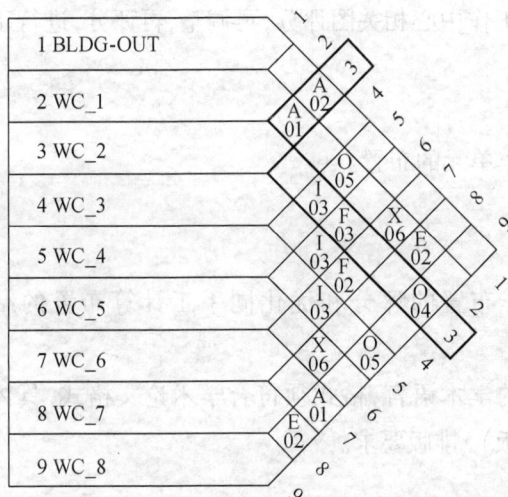

WC_2 Relationships

BLDG-OUT	A	02
WC_1	A	01
WC_4	I	03
WC_5	E	03
WC_8	O	04

Factory Plan 分三步来进行分析：

（1）输入活动单元名称和面积数据

① 在 Factory Plan 中新建文件；

② 通过菜单"Chart/Data"→"Edit Relationship File（FPEDIT）"，以及"Activity/Department"对话框，设定 8 个工作中心（WC）。

（2）输入相互关系数据

① 在"Activity/Department"对话框中先选定 WC_1，然后选择"Edit Relationships"，在弹出的对话框"Matrix Editor"中编辑它同其他工作中心的相关程度。

② 重复步骤①,设定其他 7 个工作中心与其他工作中心的相关程度。

（3）生成相关图

① 选择"Diagram"→"draw relationships"来自动生成相关图。最先生成的"A"级关系的工作中心位置相关图。系统先提醒指定工作中心的位置,请用鼠标在图形中任选一个位置。依次执行即可。

② 选择"Diagram"→"next relationships"来设定"E"级关系的工作中心位置。

③ 选择"Diagram"→"next relationships"来设定"I"级关系的工作中心位置。

④ 重复步骤③,设定余下的工作中心级别关系。

（4）评分

选定"score"菜单对设定的工作中心相关图评分,再调整,再评分,进行手工优化。

（5）自动优化

使用"planopt"自动优化工作单元的布置。

【实验报告】

（1）将 Factory Plan 对工作布置的评分和优化同手工计算布置的结果比较。

（2）报告撰写须采用规范的学术语言,格式须符合学术论文格式,具体请参考《江苏大学学报（社会科学版）》排版要求。

第5章 生产物流系统建模与仿真

实验 5.1 熟悉 Witness 仿真平台基础实验

【实验目的】

（1）熟悉 Witness 操作界面；

（2）掌握如何打开、运行仿真项目；

（3）熟悉 Witness 仿真报表的生成和分析。

【实验任务】

（1）打开 Witness 仿真系统；

（2）操作 Witness 仿真系统的菜单、窗口、工具栏；

（3）打开仿真项目，路径为 C：\Program Files\Witness2008\Demo\Tutorial\Stage4. mod；

（4）运行仿真项目 1440 分钟；

（5）生成报表并进行统计分析。

【实验仪器及器材】

计算机。

【实验步骤】

（1）打开 Witness 仿真系统；

（2）熟悉 Witness 仿真系统的菜单、窗口、工具栏；

（3）打开仿真项目，路径为 C：\Program Files\Witness2006\Demo\Tutorial\Stage4. mod；

（4）运行仿真项目 1440 分钟；

（5）生成报表并进行分析；

（6）整理数据并撰写实验报告。

【注意事项】

对菜单项或界面不了解的地方，查询 Witness 帮助系统。

【实验报告】

（1）实验报告要求

① 完成实验思考题；

② 对 Stage4 模型进行描述；

③ 对仿真报表结果进行详细分析。

（2）问题与解决方案

在实验中难免会遇到一些问题，同学们可以通过以下几种方式来解决：

① 使用该软件的 Help 文档；

② 学会充分利用网络资源，自己上网搜索相关资料来解决；

③ 和其他同学讨论解决问题。

以上的问题解决方案主要是想提高同学们自己解决问题的能力，如果仍然找不到解决方案，可以将问题列入实验报告或反应给实验指导老师来帮助解决。

【思考题】

（1）Witness 系统有哪几个主菜单项？

（2）Witness 系统默认打开的文件是什么？

（3）Witness 系统界面包括哪几个窗口？

（4）Witness 系统有多少类建模元素？

（5）如何打开和关闭 Witness 系统的工具栏？

（6）如何通过工具栏控制仿真时长？

（7）Stage4. mod 仿真项目中用到了哪几类建模元素？

（8）如何以图形或表格的方式显示仿真项目中的统计数据？

实验 5.2　流水线生产系统建模与仿真实验

【实验目的】

（1）熟悉 Witness 系统建立仿真模型的一般过程；

（2）熟悉 Witness 系统建模元素 Part、Machine 和 Conveyor 的使用；

（3）掌握流水线生产系统的运作模式；

（4）动态了解约束理论及瓶颈转移现象。

【实验任务】

（1）使用 Witness 建立流水线生产系统仿真模型；

（2）了解机器检修和调整作业对生产线效率的影响；

（3）发现瓶颈工序；

（4）证明 TOC 的瓶颈转移现象。

【实验内容】

某公司有一条生产线,加工一种零件需四道工序:称重工序(称重时间为 5 分钟/件)、清洗工序(清洗时间为 4.5 分钟/件)、加工工序(加工时间为 6 分钟/件)、检测工序(检测时间为 3 分钟/件)。每道工序上只有一台机器,每台机器上每次只能加工一个零件,工序之间依靠滚轴输送链运输零件,单条输送链最多可以容纳 20 个零件,零件通过每条输送链的时间为 10 分钟。其中加工工序的机器每运行 50 分钟,就需要一个工人来进行一次检修,检修时间为 10 分钟;该工序每加工完 10 件产品,就需要一名工人调整一次刀具,调整刀具时间为 8 分钟;检测设备每工作 150 分钟需要工人检修一次,检修时间为 6 分钟,生产线配备两名工人。假设零件数量足够多,建立该系统的仿真模型,模拟时间为一周。

【实验仪器及器材】

计算机。

【实验步骤】

（1）阅读上面的生产线信息，熟悉作业流程、原材料和产成品、机器设备等相关信息；

（2）打开物流仿真软件 Witness；

（3）使用 Witness 建立生产线仿真模型；

（4）单击"Run"按钮，对系统进行一周时间的仿真（5×480＝2400 分钟）；

（5）使用 Witness 的报表功能，统计各项作业工序的利用率及生产线的产能；

（6）找出瓶颈工序，对原生产系统进行改善；

（7）将改善后的仿真模型运行结果与原方案仿真结果进行比较，证明瓶颈转移；

（8）整理数据、撰写实验报告。

【注意事项】

（1）生产线系统绩效指标的选取：机器的利用率、输送链的物流量、生产线的产量等。

（2）可以采取添加机器、工人、输送链等方法改善瓶颈。

【实验报告】

（1）完整描述建模过程和设置细节。

（2）对结果进行详细分析。

（3）进行改善方案设计和原方案运行结果的对比分析。

实验 5.3　考虑顾客行为的排队系统建模与仿真实验

【实验目的】

(1) 掌握 Witness 系统建模元素 Part 和 Buffer 的使用;

(2) 熟悉顾客服务系统中顾客的常见行为模式;

(3) 了解排队系统中的常见绩效指标;

(4) 探究顾客行为对排队系统绩效指标的影响。

【实验任务】

(1) 基于顾客行为模式构建多个场景下的排队系统仿真模型;

(2) 运行排队模型并进行统计分析。

【实验内容】

在超市入口有一台 ATM 机,用于客户提取现金,假设需要提取现金的客户到达时间间隔服从均值为 2 分钟的指数分布,客户提取现金所需的时间服从均值为 1.8 分钟的负指数分布;模拟客户具有下列行为特征时的系统:

(1) 客户到达 ATM 机,不论队列有多长,都会等待直至完成取款;

(2) 客户到达 ATM 机,如果已经有 4 个人在排队了,他/她将自动离开,不再取款;

(3) 客户到达 ATM 机,如果发现已经有 4 个人在排队了,他/她将先进入超市购物,购物时间服从[3, 20]分钟的均匀分布,购物完毕后,他/她再来取款,此时他/她将不再考虑队列长度,直至完成取款。

模拟时间为 12 小时,需统计以上三种情况下完成取款的人数、取款顾客平均等待时间、队列的最大长度、没有完成取款的人数,以及(3)中进入超市购物的人数等。

【实验仪器及器材】

计算机。

【实验步骤】

(1) 顾客行为为(1)的排队系统实验步骤:

① 打开 Witness 仿真系统。

② 建立一个 Part 元素,模拟顾客,命名为 Customer。

③ 建立一个 Buffer 元素,模拟队列,命名为 Queue。

④ 建立一个 Machine 元素,模拟服务台,命名为 ATM。

⑤ 设定 Customer 的到达模式。

⑥ 设定 ATM 的服务模式。

⑦ 将模型另存为"CustomerBehaviorSim1. mod",运行仿真模型。

⑧ 获得统计数据。

(2) 顾客行为为(2)的排队系统实验步骤:

① 使用 Witness 系统将"CustomerBehaviorSim1. mod"打开,并另存为"Cus-tomerBehaviorSim2. mod"。

② 将 Customer 的输出规则改为如下语句,模拟顾客的行为:

IF NPARTS(Queue) < 4

    PUSH TO Queue

ELSE

    PUSH TO Ship

ENDIF

③ 运行仿真模型。

④ 获得统计数据。

(3) 顾客行为为(3)的排队系统实验步骤:

① 使用 Witness 系统将"CustomerBehaviorSim2. mod"打开,并另存为"Cus-tomerBehaviorSim3. mod"。

② 建立一个 Buffer 元素,模拟超市,命名为 Market。

③ 将 Customer 的输出规则改为如下语句,模拟顾客的行为:

IF NPARTS(Queue) < 4

    PUSH TO Queue

ELSE

　　　　PUSH TO Market

　　ENDIF

　　④ 将 Market 的 Delay 设置为 Max, Maximum Time 设定为 UNIFORM[3, 20],Exit Rule 设定为 PUSH TO Queue。

　　⑤ 运行仿真模型。

　　⑥ 获得统计数据。

　　⑦ 整理数据,撰写实验报告。

【思考题】

　　客户到达 ATM 机,如果发现已经有 4 个人在排队了,40% 的顾客选择先进入超市购物,购物时间服从[3, 20]分钟的均匀分布,购物完毕后,他/她再来取款,此时他们不再考虑队列长度,直至完成取款;30% 顾客选择直接离开;30%的顾客选择直接排队,不在乎排队等待时间长短。如何实现?

【实验报告】

　　(1) 完整描述建模过程和设置细节。

　　(2) 对结果进行详细分析。

　　(3) 完成思考题的实验及结果分析。

【Buffer 元素 Delay 选项提示】

　　Buffer 元素的 Delay"延迟"选项设置见如图 5.1 圆圈部分所示。

　　该部分用于设置 Part 在该 Buffer 中存储的延迟设置,六个选项设置的内容如下。

　　(1) None:Part 元素在 Buffer 中没有延迟设置,即 Part 元素进入队列随时可以被取出。

　　(2) Min:表示 Part 在这个 Buffer 中至少需要存储多长时间,才允许其输出到下道工序。选择这一项时,将出现 Minimum Time 设置编辑框,如图 5.2 所示。其中 Minimum Time 的编辑框用于输入 Part 在 Buffer 中至少需要存储的时间长度,Shift 和 Allowance 项参见系统帮助。例如,一个名称为 CoolBuffer 的 Buffer 用于存放铸造件 A,而 A 需要存放 30 分钟,才能够冷却到合适的温度用于下道工序的处理,这时需要为 CoolBuffer 设置一个 Minimum Time 为 30 的 De-lays option。

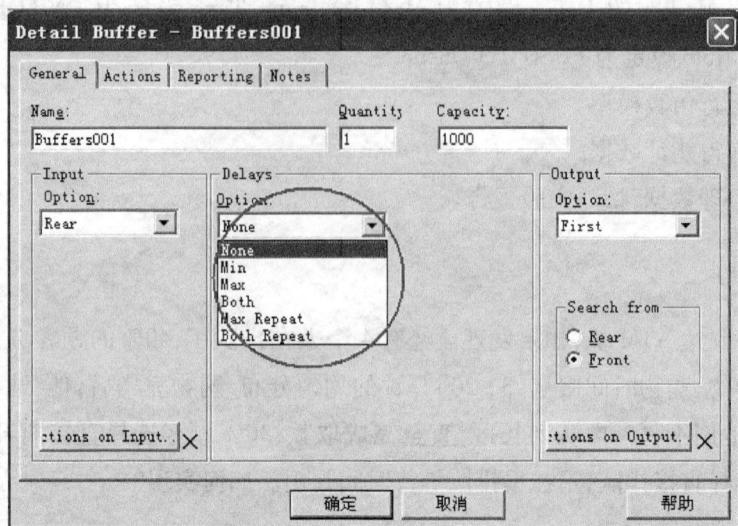

图 5.1　Buffer 元素的延迟选项

图 5.2　Minimum Time 设置编辑框

(3) Max:表示 Part 在这个 Buffer 中存储时间不得超过一个最大的时间长度,如果超出,则需要进行强制输出。选择该项,将出现 Maximum Time 和 Exit Rule 项,如图 5.3 所示,其中 Maximum Time 编辑框输入的为存储的最大时间长度,可以为常量或表达式;Exit Rule 用于设置当 Part 在 Buffer 中存储时间达到该最大值时,如何输出这个 Part。例如,当某类具有特定保质期限的食品存储于超市货架上,一旦食品达到它的保质期临界值,需要让它们强制下柜销毁,这时就需要设置用于表示货架的 Buffer 的延迟项为 Max。

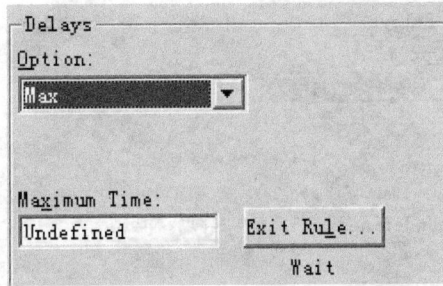

图 5.3　Maximum Time 设置编辑框

（4）Both：选择延迟项为 Both 时，表示 Part 在该 Buffer 中既有最小存储时长的限制，也具有最大时长的限制，即 Part 在 Buffer 中的存储时间只有达到 Minimum Time 设定的界限后，才能输出；另一方面如果 Part 在 Buffer 中的存储时间达到了 Maximum Time 设定的值，则会被强制输出 Buffer，输出规则由 Exit Rule 确定，设置界面如图 5.4 所示。

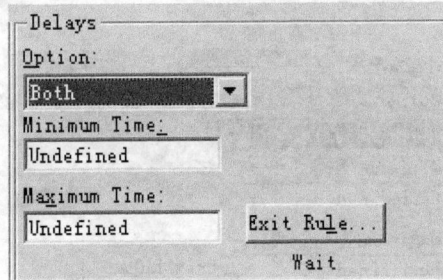

图 5.4　Both 设置界面

（5）Max Repeat：选择延迟项为 Max Repeat 时，将会出现对应的 Maximum Time 编辑框和 Exit Rule 按钮，如图 5.5 所示。该项实现的功能为：当 Part 在 Buffer 中存放的时间达到 Maximum Time 的设置值，但是根据 Exit Rule 又不能将其送出（如输出规则为 Push to Machine001，而 Machine001 在这个时刻处于忙的状态，不能接收外界的 Part 输入，这样 Push to Machine001 将失效），根据 Max Repeat，Part 将继续留在 Buffer 中，直到存储时间有达到了一个 Maximum Time，然后再判断 Exit Rule 是否可以将该 Part 送出 Buffer，如此重复，直至 Part 被送出该 Buffer，或者被其他的元素主动取出 Buffer。

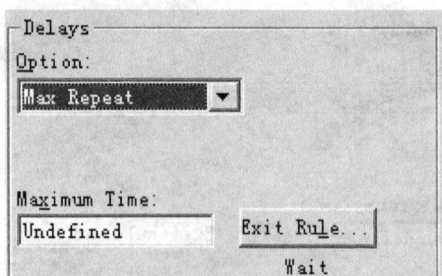

图 5.5　Max Repeat 设置界面

（6）Both Repeat：选择延迟项为 Both Repeat 时，将会出现如图 5.6 所示的界面。该选项实现的功能为：Part 将在该 Buffer 中至少存放 Minimum Time 的时间，最多不能超出 Maximum Time 的时间，但是当达到 Maximum Time 时，Exit Rule 失效，则 Part 将留在 Buffer 中，直到存储时间又一次达到 Maximum Time 时，再次判断 Exit Rule，如此重复，直至 Part 输出 Buffer，或者被其他元素取出该 Buffer。

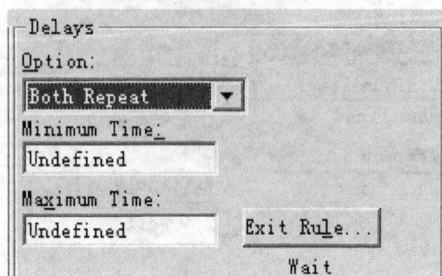

图 5.6　Both Repeat 设置界面

实验 5.4　零售企业采购决策建模与仿真实验

【实验目的】

（1）掌握定期定量决策和定期不定量决策的仿真建模；

（2）掌握采购提前期的仿真建模；

（3）了解采购决策参数对零售企业收益的影响。

【实验任务】

（1）使用 Witness 建立零售企业采购和销售过程的仿真模型；

（2）建立采购决策过程；

（3）获取物流运输网络与配送中心位置的最优搭配。

【实验内容】

某零售公司销售进口产品,这些进口产品由国外通过集装箱运输至码头,然后公司派车辆将这些集装箱运输至公司的配送中心,以便配送给各地的销售网点。其中集装箱到达码头的时间间隔服从[10,20]小时的均匀分布,每次到达批量服从[20,40]的均匀整数分布,装卸载时间为[3,8]分钟的均匀分布,公司只有一辆运输车用来将集装箱由码头运送至配送中心,该车每次只能运送两个集装箱,车辆空载行驶速度为 70 千米/小时,满载行驶速度为 60 千米/每小时。

A、B 两地为公司可能选中的配送中心地点,每条路径都为 30 千米,道路限速为 65 千米/小时。通过一周的仿真,分析分别选取 A 或 B 作为配送中心时,应该如何确定车辆的运输网络,才能获得最好的系统绩效。

【实验步骤】

（1）阅读上面的物流系统信息,熟悉物流运作流程、路网配置、时间和速度信息；

（2）打开物流仿真软件 Witness；

（3）使用 Witness 建立该港口集装箱运输仿真模型；

（4）单击"Run"按钮,对系统进行一周的仿真(7 × 1440 = 10080 分钟)；

（5）使用 Witness 的报表功能,统计运输时间、装卸载时间和道路流量、集装箱运输时间等；

（6）找出 A、B 两地作为配送中心的路网最优配置方案；

（7）对 A、B 两地作为配送中心的仿真结果进行比较分析；

（8）整理数据、撰写实验报告。

【注意事项】

物流系统绩效指标的选取：集装箱在码头的平均等待时间、车辆的行驶距离。

【思考题】

道路限速对路径选择有怎样的影响？

实验 5.5　机加焊接生产系统建模与仿真实验

【实验目的】

（1）熟悉 Witness 系统运输元素 Vehicle 和 Track 的使用；

（2）熟悉物流系统的随机性特征；

（3）熟悉物流运输模型的构建；

（4）了解配送中心的位置对物流系统效率的影响。

【实验任务】

（1）使用 Witness 建立港口集装箱仿真模型；

（2）建立车辆路径控制逻辑；

（3）获取物流运输网络与配送中心位置的最优搭配。

【实验内容】

一个机加焊接生产系统中投入原料为 A、B、C 三类，这三类原料首先需要经过打坡口、切削作业，然后 1 个 A 和 3 个 B 通过点焊形成半成品 D，半成品 D 需要进行通焊；切削后的原料 C 需要经过打磨工序；最后一个 D 和 2 个 C 点焊成最终产品，存于成品库存区 FM，布局如图 5.7 所示。

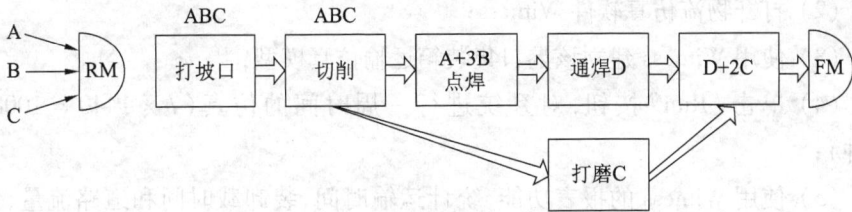

图 5.7　机加焊接生产系统布局

其中 A、B、C 到达模式如下：

A：到达间隔服从[100,150]分钟的均匀分布，每次送达 30 件。

B：到达间隔服从 50 分钟的指数分布，每次送达 10 件。

C：每隔 3 分钟送达一件。

这三类原料送达后，如果不能进行打坡口作业，则都停放于原料库存区 RM。假设车间内的运输时间忽略不计，工序间存放能力无限，工序加工时间分别如下：

打坡口工序：A 每件 2 分钟、B 每件 3 分钟、C 每件 2 分钟。

切削工序：A 每件 1 分钟、B 每件 2 分钟、C 每件 3 分钟。

A+3B 点焊工序：1 分钟。

D 通焊工序：5 分钟。

打磨工序：C 每件 8 分钟。

D+2C 点焊工序：4 分钟。

打坡口工序换模时间为 40 分钟/次，切削工序换模时间为 25 分钟/次。

试建立该生产过程的仿真模型，并运行 4800 分钟，统计如下两种生产批量控制的系统产出和系统库存指标：

（1）10A30B20C；

（2）40A120B80C。

【实验仪器及器材】

计算机。

【实验步骤】

（1）阅读上面的物流系统信息，熟悉物流运作流程、路网配置、时间和速度信息；

（2）打开物流仿真软件 Witness；

（3）使用 Witness 建立该港口集装箱运输仿真模型；

（4）单击"Run"按钮，对系统进行一周时间的仿真（7 × 1440 = 10080 分钟）；

（5）使用 Witness 的报表功能，统计运输时间、装卸载时间和道路流量、集装箱运输时间等；

（6）找出 A、B 两地作为配送中心的路网最优配置方案；

（7）对 A、B 两地作为配送中心的仿真结果进行比较分析；

（8）整理数据、撰写实验报告。

【注意事项】

物流系统绩效指标的选取：集装箱在码头的平均等待时间、车辆的行驶距离。

【思考题】

道路限速对路径选择有怎样的影响？

【实验报告】

（1）实验报告要求

① 完整描述问题及数据信息；

② 进行可行性分析；

③ 对结果进行详细分析。

（2）问题与解决方案

在实验中难免会遇到一些问题，学生可以通过以下几种方式来解决：

① 使用该软件的 Help 文档；

② 学会充分利用网络资源，自己上网搜索相关资料来解决；

③ 和其他同学讨论解决问题。

以上的问题解决方案主要是想提高学生自己解决问题的能力，如果仍然找不到解决方案，可以将问题列入实验报告或反映给实验指导老师。

（3）实验心得体会和建议

将在该实验中的任何心得体会和建议写入实验报告,来逐步优化生产线平衡实验,并且为以后的使用者提供必要的参考帮助。

实验 5.6　混流生产系统建模与仿真实验

【实验目的】

（1）认识混流生产系统的复杂性;

（2）熟悉 Witness 系统元素 ROUTE 的用法;

（3）了解工艺视图 Process Views 的用法;

（4）了解多产品多阶段加工仿真系统设计。

【实验任务】

（1）使用 Witness 建立混流生产系统仿真模型;

（2）分析系统资源约束和产能;

（3）分析三种产品在不同批量组合下,系统的运作状况。

【实验内容】

有一个制造车间由 5 组机器组,加工三种产品。每种产品分别要求完成 4, 3,5 道工序,而每道工序必须在指定的机器组上,按照事先规定好的工艺顺序进行。

第 1,2,3,4,5 组机器分别有 3,2,4,3,1 台相同的机器,三种产品原料到达车间的间隔时间分别服从均值为 50,25,75 分钟的指数型随机变量,即希望获得的产成品批量比例为 2:1:3。

三种产品的工艺路线见表 5.1。于是,第 1 种作业首先在第 3 组机器上加工,然后在第 1 组、再后来在第 2 组机器上加工,最后在第 5 组机器上完成最后工序。

表 5.1　产品加工工艺路线与各工序加工时间参数

产品类型	机器组别	相继工序平均服务时间/min
1	3,1,2,5	30,36,51,30
2	4,1,3	66,48,45
3	2,5,1,4,3	72,15,42,54,60

如果一项作业在特定时间到达车间,发现该组机器全都忙着,该作业就在该组机器处排入一个 FIFO 规则的队列,如果前一天没有完成的任务,第二天继续加工。在特定机器上完成一个工序的时间是一种按二阶爱尔朗分布的随机变量,它的平均值取决于作业的类别及机器的组别。每种作业的每道工序的平均服务时间见表5.1,于是,一个第 2 类作业在第 4 组机器上(第一道工序)的平均服务时间要 66 分钟。

假定在保持车间逐日连续工作的条件下,来仿真 365 个 8 小时工作日的工作,计算每种产品在队列中的平均总等待时间和作业总平均等待时间,以及每组机器队队列中的平均作业数、平均利用率及平均等待时间,并试图进行改善。

【实验仪器及器材】

计算机。

【实验步骤】

(1)阅读上面的生产系统信息,熟悉加工作业流程、设备配置、时间和批量信息;

(2)打开物流仿真软件 Witness;

(3)使用 Witness 建立仿真模型;

(4)单击"Run"按钮,对系统进行一周的仿真(7×1440＝10080 分钟);

(5)使用 Witness 的报表功能,统计系统产出量、机器的忙闲比率、在制品库存;

(6)找出当前产品批量组合下,系统的约束资源;

(7)调整产品批量,以获得最佳的设备利用率;

(8)整理数据、撰写实验报告。

【注意事项】

生产系统主要绩效指标的选取:机器设备的利用率。

【思考题】

瓶颈改善限制为调整产品批量比例。

【实验报告】

（1）实验报告要求

① 完整描述问题及数据信息;

② 进行可行性分析;

③ 对结果进行详细分析。

（2）问题与解决方案

在实验中难免会遇到一些问题,学生可以通过以下几种方式来解决:

① 使用该软件的 Help 文档;

② 学会充分利用网络资源,自己上网搜索相关资料来解决;

③ 和其他同学讨论解决问题。

以上的解决方案主要是想提高学生自己解决问题的能力,如果仍找不到解决方案,可以将问题列入实验报告或反映给实验指导老师。

（3）实验心得体会和建议

此实验中的任何心得体会和建议都应写入实验报告,从而逐步优化生产线平衡实验,并且为以后的使用者提供必要的参考帮助。

实验 5.7　车间物料 AGV 小车运输系统建模与仿真实验

【实验目的】

（1）熟悉 AGV 小车在车间物料运输作业中的运营过程;

（2）熟悉小车进行物流运送的 2D 和 3D 建模。

【实验任务】

（1）使用 Witness 建立 AGV 小车运输模型；

（2）设计轨道的装卸载作业过程；

（3）设计车辆和仓库的成本参数；

（4）仿真运行模型，统计分析相关数据；

（5）使用 Fast Build 方式建立简单的 VR 模型。

【实验内容】

某生产车间加工一种产品，该产品由另一车间送至本车间的仓库，送达规则为：送达时间间隔为 Uniform(60,80) 分钟，送达批量为 Iuniform(18,30) 件。公司有两辆 AGV，在轨道上循环运行，轨道两端分别为仓库和加工中心，AGV 将产品从仓库运送至加工中心。AGV 空载行驶速度为 20 米/分钟，满载行驶速度为 16 米/分钟。仓库至加工中心距离为 100 米，加工中心到仓库的距离为 120 米。AGV 在仓库装载产品需要的时间和在加工中心卸载产品的时间都服从 Uniform(0.5,1) 分钟的负指数分布。加工中心加工一件产品需要的时间服从均值为 3 分钟的负指数分布。

车辆折旧费率为 1 元/分钟，运输费率为 2 元/分钟，仓库固定成本为 1 元/分钟，存储费率为 1 元/(件/分钟)。

试通过计算机仿真，运行一周(1440×6 分钟)，分析 AGV 的运输能力、运输距离、产品在仓库中的等待时间、加工中心等待产品的时间、物流成本数据等，分析需要多少辆 AGV，系统能够获得较好的运作绩效，通过仿真实验验证。

【实验仪器及器材】

计算机。

【实验步骤】

（1）阅读上面的物料运输系统信息，熟悉运输和作业流程、原材料、机器设备和运输设备等相关信息；

（2）打开物流仿真软件 Witness；

（3）使用 Witness 建立物料运输系统仿真模型（设计效果参见图 5.8）；

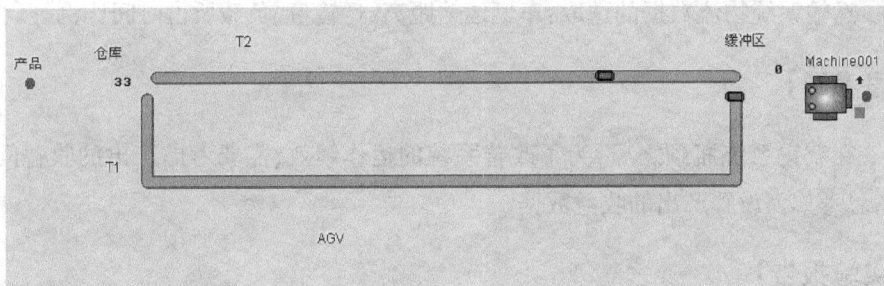

图 5.8　车间物料 AGV 小车运输系统 2D 仿真模型

（4）单击"Run"按钮，对系统进行一周的仿真（1440×6＝8640 分钟）；

（5）使用 Witness 的报表功能，统计车辆运输能力、两个仓储点产品等待时间、队列长度及加工中心的忙闲比率；

（6）找出瓶颈工序，对原生产系统进行改善；

（7）使用 Witness 的财务报表统计功能，获取物流成本和库存成本数据；

（8）使用 Fast Build 方式设计仿真模型的 VR 模型（设计效果参见图 5.9）；

（9）整理数据、撰写实验报告。

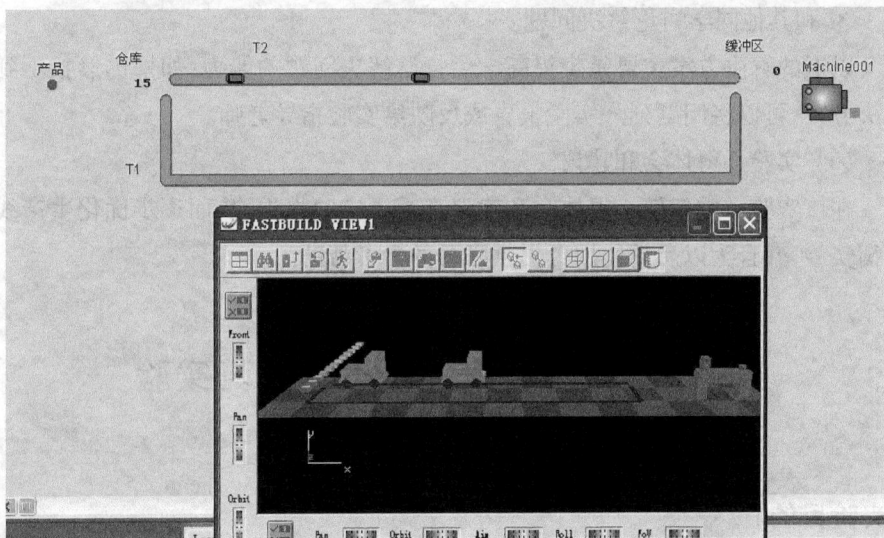

图 5.9　车间物料 AGV 小车运输系统 3D 仿真模型

【注意事项】

运输系统物流数据的选取:车辆运输距离、运输量、负载所占时间比例等。

【思考题】

在获得系统瓶颈之后,为了改善系统的运作绩效,需要考虑产出的收益问题,思考如何设置产出的收益数据。

【实验报告】

(1) 实验报告要求

① 完整描述问题及数据信息;

② 进行可行性分析;

③ 对结果进行详细分析。

(2) 问题与解决方案

在实验中难免会遇到一些问题,学生可以通过以下几种方式来解决:

① 使用该软件的 Help 文档;

② 学会充分利用网络资源,自己上网搜索相关资料来解决;

③ 和其他同学讨论解决问题。

以上的解决方案主要是想提高学生自己解决问题的能力,如果仍然找不到解决方案,可以将问题列入实验报告或反映给实验指导老师。

(3) 实验心得体会和建议

在该实验中的任何心得体会和建议都写入实验报告,从而逐步优化生产线平衡实验,并且为以后的使用者提供必要的参考帮助。

实验 5.8　港口集装箱运输仿真实验

【实验目的】

(1) 熟悉 Witness 系统运输元素 Vehicle 和 Track 的使用;

（2）熟悉物流系统的随机性特征；

（3）熟悉物流运输模型的构建；

（4）了解配送中心的位置对物流系统效率的影响。

【实验任务】

（1）使用 Witness 建立港口集装箱仿真模型；

（2）建立车辆路径控制逻辑；

（3）获取物流运输网络与配送中心位置的最优搭配。

【实验内容】

某零售公司销售进口产品，这些进口产品由国外通过集装箱运输至码头，然后公司派车辆将这些集装箱运输至公司的配送中心，以便配送给各地的销售网点。其中集装箱到达码头的时间间隔服从[10,20]小时的均匀分布，每次到达批量服从[20,40]的均匀整数分布，装卸载时间为[3,8]分钟的均匀分布，公司只有一辆运输车用来将集装箱由码头运送至配送中心，该车每次只能运送两个集装箱，车辆空载行驶速度为 70 千米/小时，满载行驶速度为 60 千米/小时。

A、B 两地为公司可能选中的配送中心地点（见图 5.10），每条路径都为 30 千米，道路限速为 65 千米/小时。通过一周的仿真，分析分别选取 A 或 B 作为配送中心时，应该如何确定车辆的运输网络，才能获得最好的系统绩效。

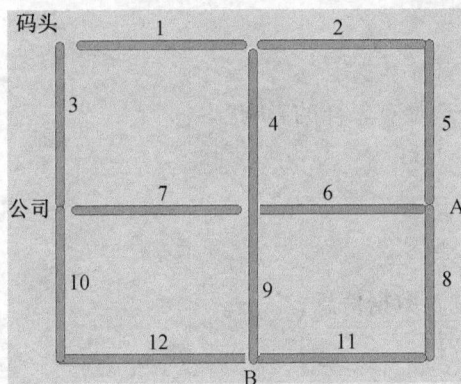

图 5.10 配送中心地点

【实验仪器及器材】

计算机。

【实验步骤】

（1）阅读上面的物流系统信息，熟悉物流运作流程、路网配置、时间和速度信息；

（2）打开物流仿真软件 Witness；

（3）使用 Witness 建立该港口集装箱运输仿真模型；

（4）单击"Run"按钮，对系统进行一周的仿真（7×1440＝10080 分钟）；

（5）使用 Witness 的报表功能，统计运输时间、装卸载时间和道路流量、集装箱运输时间等；

（6）找出 A、B 两地作为配送中心的路网最优配置方案；

（7）对 A、B 两地作为配送中心的仿真结果进行比较分析；

（8）整理数据、撰写实验报告。

【注意事项】

物流系统绩效指标的选取：集装箱在码头的平均等待时间、车辆的行驶距离。

【思考题】

道路限速对路径选择有怎样的影响？

【实验报告】

（1）实验报告要求

① 完整描述问题及数据信息；

② 进行可行性分析；

③ 对结果进行详细分析。

（2）问题与解决方案

在实验中难免会遇到一些问题，学生可以通过以下几种方式来解决：

① 使用该软件的 Help 文档；

② 学会充分利用网络资源，自己上网搜索相关资料来解决；

③ 和其他同学讨论解决问题的方法。

以上的解决方案主要是想提高同学们自己解决问题的能力，如果仍然找不到解决方案，可将问题列入实验报告或反映给实验指导老师。

（3）实验心得体会和建议

将在该实验中的任何心得体会和建议写入实验报告，来逐步优化生产线平衡实验，并且为以后的使用者提供必要的参考帮助。

实验 5.9　仓储中心分拣物流系统建模与仿真实验

【实验目的】

（1）熟悉分拣系统的物流运作过程；

（2）熟悉输送链分拣、立体仓库的建模；

（3）熟悉仿真模型条件终止的实现。

【实验任务】

（1）使用 Witness 建立分拣物流系统模型；

（2）设计输送链的条件输出规则；

（3）设计立体仓库的 Witness 建模；

（4）设计条件终止程序；

（5）运行模型，统计分析相关数据；

（6）使用 Fast Build 方式建立简单的 VR 模型。

【实验内容】

某物流仓储系统接受三种颜色（红、绿、黄）的产品，产品进入系统的时间间隔分别都服从均值为 8 分钟的负指数分布。存储过程如下：

产品从仓库入口一个一个的进入分拣输送链，分拣输送链分为三段，前两段尾部装有颜色传感器,如果第一个颜色传感器处扫描的产品颜色为红色,则分流,否则放行;如果第二个传感器处扫描的颜色为绿色,则分流,否则放行,到第三段输送链尾部,黄色产品分流。分流后的产品,即同颜色产品通过输送链送入相同的库区存储,每个库区为一排四列十层,库位优先级为先底后高。产品正常通过每个输送量的时间为 10 分钟。

建立并运行仿真模型至某一库区存满产品为止,统计各段输送链运输量和运输时间。

【实验仪器及器材】

计算机。

【实验步骤】

(1) 阅读上面的分拣系统信息,熟悉原材料、输送链和仓储设施等相关信息;

(2) 打开物流仿真软件 Witness;

(3) 使用 Witness 建立分拣存储系统仿真模型(设计效果参见图 5.11);

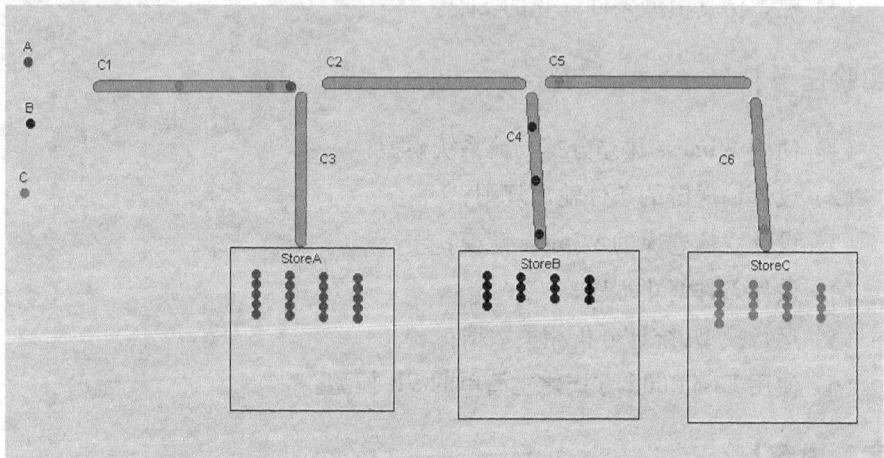

图 5.11　仓储中心分拣物流系统 2D 仿真模型

(4) 单击"Run"按钮,将系统运行至仿真终态:其中一个仓库货物存满;

(5) 使用 Witness 的报表功能,统计输送链输送产品量、仓储量等;

（6）使用 Fast Build 方式设计仿真模型的 VR 模型（设计效果参见图 5.12）；

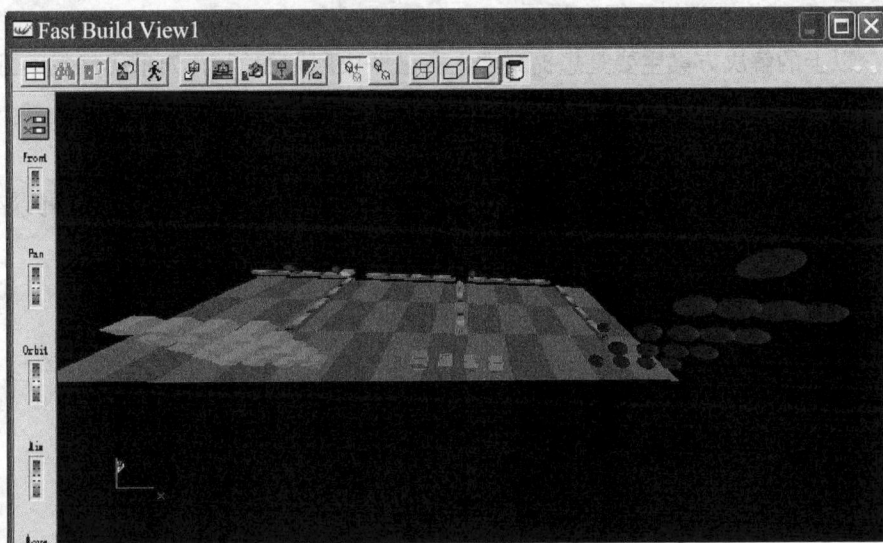

图 5.12　仓储中心分拣物流系统 3D 仿真模型

（7）整理数据、撰写实验报告。

【注意事项】

立体仓库的实现需要设计 Buffer 元素的 Quantity 和 Capacity 项。

【思考题】

仿真模型条件终止语句 Stop 的使用和条件库位实现 Least 规则的使用。

【实验报告】

（1）实验报告要求

① 完整描述问题及数据信息；

② 进行可行性分析；

③ 对结果进行详细分析。

（2）问题与解决方案

在实验中难免会遇到一些问题，学生可以通过以下几种方式来解决：

① 使用该软件的 Help 文档；

② 学会充分利用网络资源，自己上网搜索相关资料来解决；

③ 和其他同学讨论解决问题。

以上的解决方案主要是想提高学生自己解决问题的能力，如果仍然找不到解决方案，可以将问题列入实验报告或反映给实验指导老师。

（3）实验心得体会和建议

将在该实验中的任何心得体会和建议写入实验报告，来逐步优化生产线平衡实验，并且为以后的使用者提供必要的参考帮助。

实验 5.10　精益生产系统建模与仿真实验

【实验目的】

（1）熟悉精益生产运作方式；

（2）了解拉式生产系统的仿真建模过程。

【实验任务】

（1）寻求合适的看板数量计算模型；

（2）建立精益生产系统 Witness 真模型；

（3）分析看板数量对系统绩效的影响。

【实验内容】

某公司有一条生产线生产一种产品，工艺过程如图 5.13 所示。

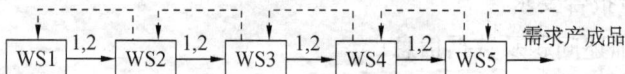

图 5.13　工艺过程图

该系统有五个工作站分别对部件进行加工和装配，分别为 WS1、WS2、WS3、WS4 和 WS5，组装工作站 WS5 每次将 3 件部件 2 和 1 件部件 1 组装成 1 件成品,其他工作站每次只能处理一件物件,且前四个工作站输入产出比为1,即1件原料进入工作站,1件产品出工作站,工作站加工时间服从 Triangle (0.7Mean,1Mean,1.1Mean)的三角分布,加工时间均值见表5.2。

表 5.2　工作站台数与加工时间均值表　　　min

部件 ＼ 工作站	WS1 2 台	WS2 3 台	WS3 3 台	WS4 4 台	WS5 2 台
1	2	4	1.5	2.5	4
2	3	1	3	3	

每天处理一次需求量,需求量服从三角分布 Triangle(200,300,500)。

试建立该系统的仿真模型,运行 1 个月(25 天×480 分钟),对系统绩效进行分析和改善。

【实验仪器及器材】

计算机。

【实验步骤】

(1)阅读上面的生产系统信息,熟悉加工作业流程、设备配置、时间和批量信息;

(2)选择计算看板数量的模型;

(3)打开物流仿真软件 Witness;

(4)使用 Witness 建立仿真模型;

(5)单击"Run"按钮,对系统进行一个月的仿真;

(6)使用 Witness 的报表功能,统计系统订单满足率、机器的忙闲比率、在制品库存;

(7)找出当前系统的约束资源;

(8)调整看板数量和约束资源,以获得最佳的订单满足率和在制品库存;

(9)整理数据、撰写实验报告。

【注意事项】

看板数量的计算。

【思考题】

拉式生产和推式生产的异同。

【实验报告】

（1）实验报告要求

① 完整描述问题及数据信息；

② 进行可行性分析；

③ 对结果进行详细分析。

（2）问题与解决方案

在实验中难免会遇到一些问题，学生可以通过以下几种方式来解决：

① 使用该软件的 Help 文档；

② 学会充分利用网络资源，自己上网搜索相关资料来解决；

③ 和其他同学讨论解决问题。

以上的解决方案主要是想提高学生自己解决问题的能力，如果仍然找不到解决方案，可以将问题列入实验报告或反映给实验指导老师。

（3）实验心得体会和建议

将在该实验中的任何心得体会和建议写入实验报告，来逐步优化生产线平衡实验，并且为以后的使用者提供必要的参考帮助。

实验 5.11　系统建模与仿真综合实验

【实验目的】

（1）训练将实际系统转化为计算机仿真模型的抽象能力；

（2）训练系统化建模与仿真的构建能力；

（3）训练对生产系统生产过程和物流过程组织和自定义的能力。

【实验任务】

（1）完成浮筒船生产计划的制订和人员作业安排；

（2）设计浮筒船生产系统的绩效指标体系；

（3）构建浮筒船生产制造过程仿真模型；

（4）分析生产计划和人员作业安排而对系统绩效指标的影响。

【实验内容】

（1）生产系统简述描述

某造船厂生产和销售双浮筒合金船,该船厂的车间布局如图 5.14 所示,浮筒船物料组成见表 5.3,浮筒和浮筒船 BOM 结构如图 5.15 和图 5.16 所示,船结构实体图片如图 5.17 和图 5.18 所示,生产制造过程类似视频 BaiDu 搜索:"浮筒船体浮筒生产制造的过程"。

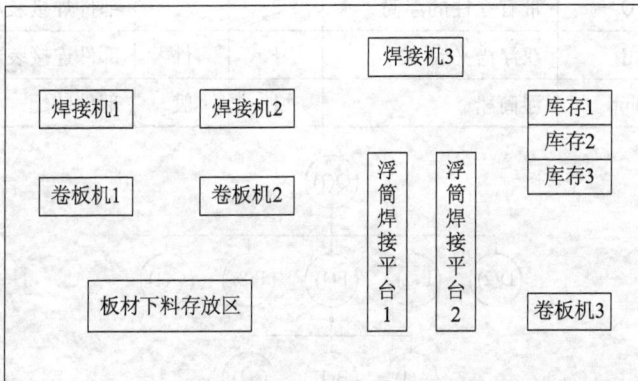

图 5.14　造船厂车间布局图

表 5.3　双桶合金船物料表

序号	物料代码	名称	数量	单位	来源
1	A	圆筒	2	个	钢板切割焊接
2	B	浮筒头	2	个	钢板切割焊接
3	C	浮筒尾部封闭圆板	2	个	钢板切割焊接
4	D	前固定立柱	2*2	个	钢板切割焊接
5	E	后固定立柱	2*2	个	钢板切割焊接
6	F	中部固定立柱	8*2	个	钢板切割焊接
7	G	筒身支撑型材	2	个	型材切割
8	H	双桶连接型材	12	个	型材切割

续表

序号	物料代码	名称	数量	单位	来源
9	I	平台防水板	24	个	采购
10	J	地垫	1	件	采购
11	K	船体矩形挡板	1	套	型材切割加工
12	L	船头圆形挡板	2	件	型材切割加工
13	M	控制台	1	件	采购
14	N	发动机	1	件	采购
15	O	座椅茶几等用具	1	套	采购
16	P	浮筒	2	套	部件焊接
17	Q	带有立柱的浮筒	2	套	部件焊接装配
18	R	双浮筒平台	1	件	部件连接装配
19	Ship	浮筒船	1	艘	部件装配

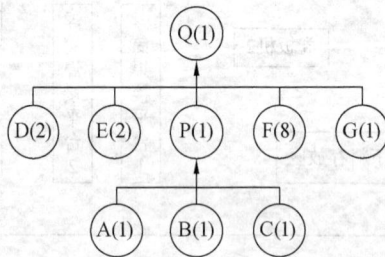

图 5.15　浮筒 BOM 结构图

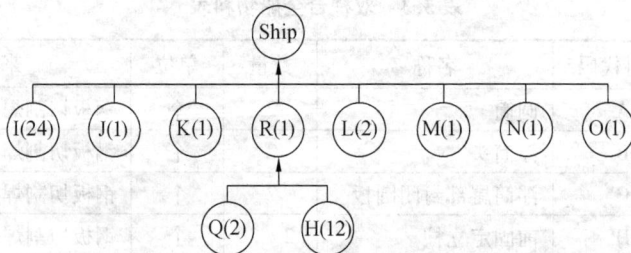

图 5.16　浮筒船 BOM 结构图

图 5.17　浮筒船浮筒结构图

图 5.18　合金船实体图

（2）生产过程流程和数据

① 圆筒：合金板从"板材下料存放区"由两个工人抬至"卷板机 1"（耗时 5 分钟）→"卷板机 1"卷板连同上下件时间为 20 分钟，两个工人协助→两工人将卷曲的合金抬至"焊接机 1"焊接，搬运时间为 3 分钟，焊接耗时 40 分钟，两工人协助→两工人将焊接后的圆筒搬至"浮筒焊接平台 1"或"浮筒焊接平台 2"，搬运时间为 5 分钟→两工人在焊接平台对其进行焊渣清除处理，耗时 8 分钟（等待与浮筒头焊接）。

② 浮筒头：合金板从"板材下料存放区"由一个工人搬至"卷板机 2"（耗时 4 分钟）→"卷板机 2"卷板连同上下件时间为 25 分钟，一个工人协助→该工人将卷曲的合金抬至"焊接机 2"进行手工焊接和清渣处理，搬运时间为 3 分钟，焊接清渣耗时 50 分钟→该工人将焊接后的浮筒头搬至已经放置了清渣完毕后圆筒的"浮筒焊接平台 1"或"浮筒焊接平台 2"，搬运时间为 3 分钟→一名工人将浮筒头与浮筒焊接，焊接耗时 25 分钟。

③ 浮筒尾部封闭圆板：封闭圆板从"板材下料存放区"由一个工人搬至放

置了清渣完毕后圆筒的"浮筒焊接平台1"或"浮筒焊接平台2",搬运时间为2分钟→该工人对将封闭圆板同浮筒焊接,焊接耗时20分钟。

④ D、E、F:这三种零件从"板材下料存放区"由两名工人搬运到放置有焊接成型的浮筒的"浮筒焊接平台1"或"浮筒焊接平台2",搬运时间10分钟(注:两名工人各自搬运自己焊接零件所需的时间),焊接所需时间为60分钟(注:两名工人各自的焊接时间)。

⑤ G和H:存放在"库存1",然后由焊接工人(同D、E、F件焊接的工人)搬运至焊接平台进行装配,搬运时间为10分钟,其中两个工人进行单个浮筒G立柱的安装时间为30分钟,两个工人安装H的时间为45分钟。

⑥ I和J:存放在"库存2",然后由工人搬运至焊接平台进行装配,搬运时间为10分钟,安装防水板耗时40分钟,安装地板耗时10分钟,工作由两名工人协助完成。

⑦ K:存放在"库存2",然后由工人搬运至焊接平台进行装配,搬运时间为10分钟,安装耗时45分钟,工作由两名工人协助完成。

⑧ 控制台、发动机:存放在"库存2",然后由工人搬运至焊接平台进行装配,搬运时间工为8分钟,安装耗时35分钟,工作由两名工人协助完成。

⑨ 船头圆形挡板:挡板从"库存3"由一个工人搬至放置了"卷板机3"进行卷曲作业,搬运时间为3分钟,卷曲过程6分钟→该工人将卷曲后的挡板搬至"浮筒焊接平台1"和"浮筒焊接平台2",进行安装,搬运耗时2分钟,安装耗时8分钟。

车间正常生产过程共有四名工人。

【实验仪器及器材】

计算机。

【实验步骤】

(1) 仿真要求

根据上述描述,使用Witness进行该生产系统的仿真建模,其中其他没有明确写出的数据和流程,请在建模时根据需要自行添加。

注意:① 工人的工作分配和安排;② 工人搬运行走的路线规划。

（2）仿真目的

构建该系统的仿真模型，评估每天工作 8 小时，连续工作 100 天，该车间所能生产的船舶数量，并统计各个工位设备及工人的忙闲情况。

实验 5.12　报告样例——家电维修部建模与仿真

（1）系统描述

某家电维修部有一名普通修理工和两名高级工程师。普通修理工负责简单的维修项目，这占维修部所接维修项目的 70%，剩下的 30% 疑难问题高工负责解决。根据以往的记录，其中不用高工维修的项目，普通修理工维修时间服从（8，18）分钟的均匀分布；需要高工维修的项目，先由普通修理工进行简单的检测，需要时间服从（3,6）分钟的均匀分布，然后由高工花费服从（60,68）分钟均匀分布的时间；顾客到达的时间间隔服从（6,16）分钟的均匀分布。先要求对服务的 100 位顾客进行仿真，了解普通修理工和高工的工作忙率，顾客等待时间等数据。

（2）系统分析

1）分析系统的实体、事件、状态

系统中的临时实体：需要维修的电器。

系统中的永久实体：普通维修工、高工、普工前的队列、高工前的队列。

事件：电器到达、电器普工处理完毕、电器进入高工前的队列、电器高工处理完毕。

状态：电器在普工前队列中的排队状态，电器在高工前队列中的排队状态、普工工作状态、普工空闲状态、高工工作状态、高工空闲状态。

2）系统终止运行条件

完成 100 位顾客的服务。

3）系统绩效指标

① 题设要求统计的系统绩效指标：普工工作忙率；高工工作忙率；顾客等待时间。

② 为自己添加的关于系统的重要绩效指标：顾客通过时间（从进入系统到完成维修出系统的时间间隔）；普工队列的最大长度；电器在普工队列中最长的

等待时间;高工队列的最大长度;电器在高工队列中的最长等待时间。

4)系统流程图形化描述

家电维修部运作流程图如图 5.19 所示。

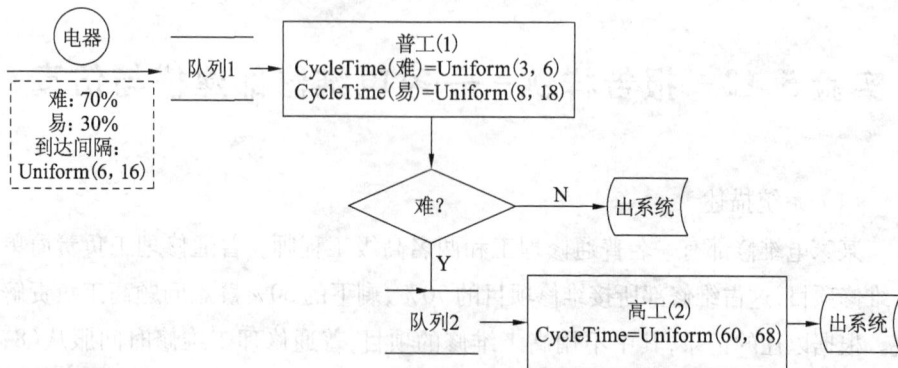

图 5.19　家电维修部运作流程图

(3)Witness 建模过程

1)系统的 Witness 模型界面

该电器维修店的 Witness 仿真模型界面如图 5.20 所示,仿真模型见 Maintain.mod。

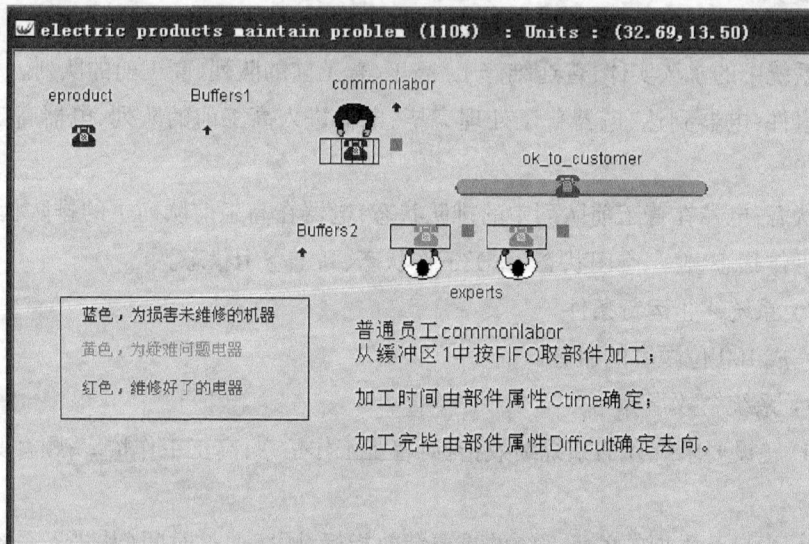

图 5.20　家电维修部 Witness 仿真模型界面

2）建模元素说明

模型中涉及的建模元素名称、类型、作用见表5.4。

表5.4　家电维修部建模元素

名　称	类　型	数量	作　用
eproduct	Part	1	模拟需要维修的电器
buffers1	Buffer	1	模拟普工前的队列
buffers2	Buffer	1	模拟高工前的队列
commonLabor	Machine	1	模拟1位普工
experts	Machine	2	模拟2位高工
ok_to_customer	Conveyor	1	可视化维修好的产品输出的过程
ctime	Attribute：Real	1	存储该产品在普工处的作业时间
difficult	Attribute：Integer	1	存储该产品是2疑难问题，还是1简单问题

3）建模元素的定义

使用 Witness 软件打开 StartupStudent. mod 的模板文件，将该文件另存为 Maintain. mod，下列操作都在 Maintain. mod 上进行。

通过设计者窗口"Designer Window"定义1个 Part 元素、2个 Buffer 元素、2 个 Machine 元素和1个 Conveyor 元素；然后对照上表修改这些元素名称和 experts 名称的 Machine 的数量为2，设计完毕后的窗口界面如图5.21所示。

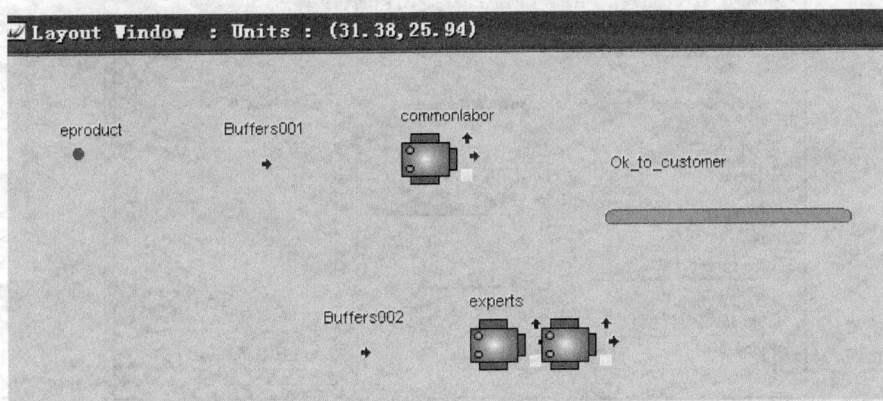

图5.21　家电维修部 Witness 仿真初始界面

在布局窗口通过：右键→Define 方式定义两个属性 ctrip 和 difficult，这两个属性的设计界面如图 5.22 所示。

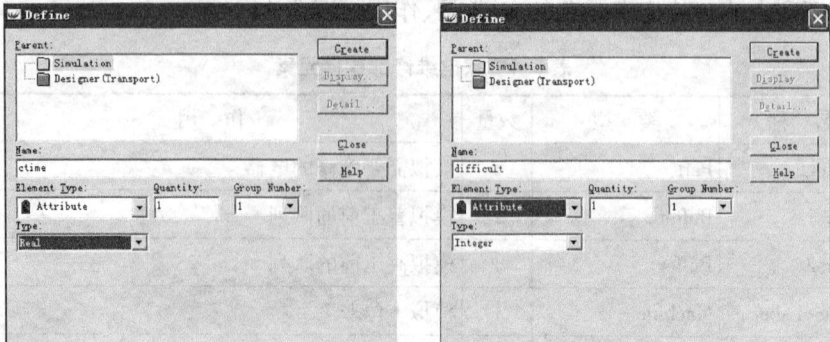

图 5.22　属性元素定义界面

该系统仿真模型构成元素定义完毕之后,需要对元素的细节进行设计,以实现系统的运作流程,具体设计参见本章 5.12.3.4 节。

4) 建模元素细节 Detail 设置

① Part 类型元素 eproduct 的细节设计

对该元素细节设计需要达到的效果是:实现 eproduct 以间隔时间服从均匀分布 UNIFORM(6,16)分钟到达系统的 buffers1,第一件 eproduct 在时刻 0 到达,eproduct 到达批量为 1。具体设计如图 5.23 所示。

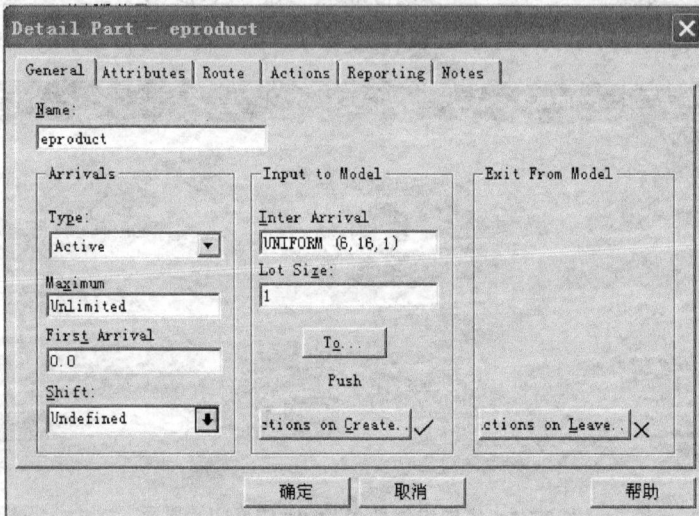

图 5.23　eproduct 元素细节设计界面

上述界面按钮代码及其含义见表5.5。

表5.5　eproduct 界面按钮代码及其含义

按钮名称	代码	代码功能
To…	PUSH to buffers1	输出到普工前的队列

Actions on Create…	IFRANDOM（2）<0.7
	　difficult = 1
	　ctime ＝ UNIFORM（8,18,3）
	ELSE
	　difficult = 2
	　ctime = UNIFORM（3,6,4）
	ENDIF
		实现到达的产品中，70% 为简单问题，以 UNIFORM（8,18,3）对该产品在普工处加工时间 ctime 赋值；30% 为疑难问题，以 UNIFORM（3,6,4）对该产品在普工处加工时间 ctime 赋值

注:按钮 Actions on Create 中的程序在每个 eproduct 进入系统都是执行一次,属性元素的值将是针对当前进入系统的 eproduct。

② Machine 类型元素 commonlabor 的细节设计

对该元素细节设计需要达到的效果是:该元素空闲将从 buffers1 中获取正在排队的电器 eproduct,然后根据所获取电器上的属性 ctime 决定加工时间,在到达该电器加工结束时,根据电器的属性 difficult 输出电器,具体设置界面如图5.24所示。

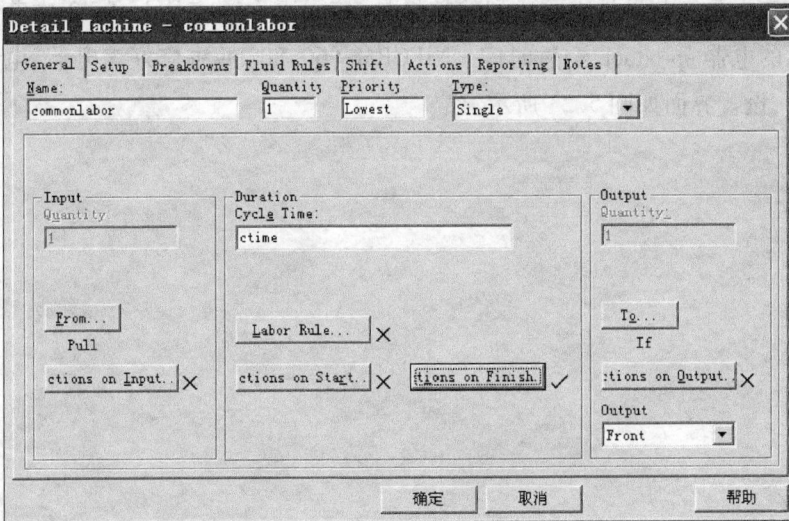

图 5.24　commonlabor 元素细节设计界面

上述界面中按钮中的代码及其含义见表5.6。

表 5.6　commonlabor 界面按钮代码及其含义

按钮名称	代码	代码功能
From…	PULL from buffers1	从普工前面队列中获取电器

Actions on Finish…	IF difficult = 1
	　　pen = 1
	ELSE
	　　pen = 3
	ENDIF
		在普工对电器处理完成之后,在电器离开普工之前,根据当前电器问题的难易属性,决定电器显示的颜色。pen = 1 将显示红色;pen = 3 将显示黄色

To…	IF difficult = 1
	　　PUSH to ok _ to _ customer at Rear
	ELSE
	　　PUSH to buffers2
	ENDIF
		普工对电器处理完毕,根据该电器问题的难易属性,决定电器的下一步去向;简单问题的电器已经维修好,将送到输送链上;疑难问题的电器将送到高工前的队列中

③ Machine 类型的元素 experts 的细节设计

对该元素细节设计需要达到的效果是:该元素空闲将从 buffers2 中获取正在排队的电器 eproduct,经过时间 UNIFORM (60,80)后维修好该电器,电器将被送出,设置界面如图 5.25 所示。

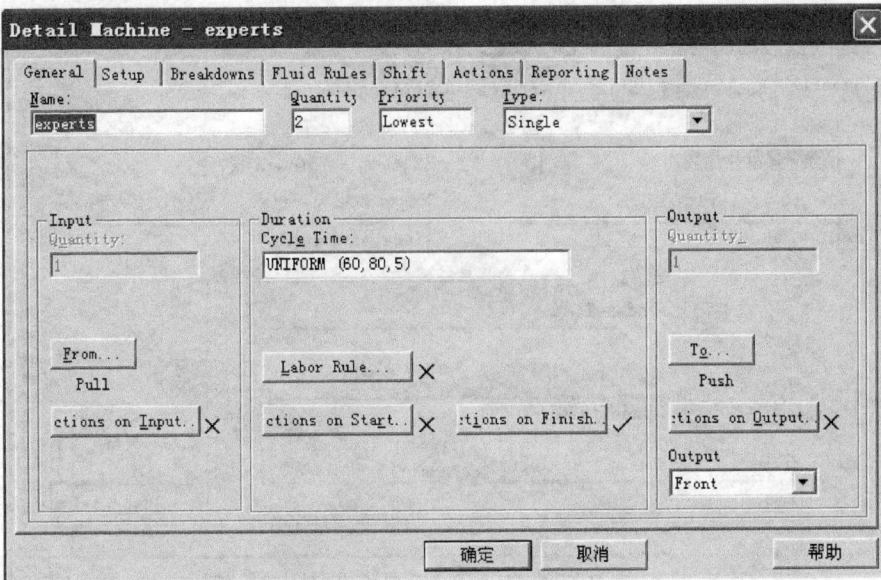

图 5.26 experts 元素细节设计界面

上述界面中按钮中的代码及其含义见表 5.7。

表 5.7 experts 界面按钮代码及其含义

按钮名称	代码	代码功能
From…	PULL From buffers2	从高工前面队列中获取电器
Actions on Finish…	pen = 1	维修结束,产品为完好产品,所以颜色 pen = 1 将显示红色。
To…	PUSH to ok_to_customer at Rear	维修好的产品送到输送链上。

④ Conveyor 类型元素 ok_to_customer 的细节设计

对该元素细节设计需要达到的效果是:eproduct 在其上移动过程能够具有很好的可视性;将 eproduct 输出系统;最重要的一点是实现当有 100 个 eproduct 到达它时,将整个仿真模型停止,因为题设要求通过仿真统计出该维修点完成 100 件产品维修时,系统的绩效指标。设计界面如图 5.26 所示。

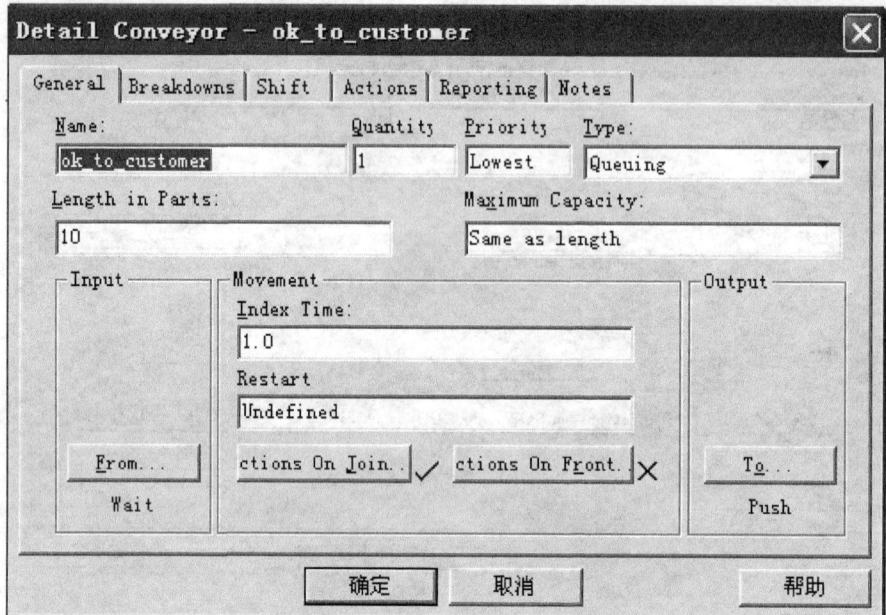

图 5.26 ok_to_customer 元素细节设计

上述界面中按钮中的代码及其含义见表 5.8。

表 5.8 ok_to_customer 界面按钮代码及其含义

按钮名称	代码	代码功能
Actions on Jion…	IF Totalin(element) = 100 　　STOP ENDIF	当进入该输送链的 eproduct 数量达到 100 时,停止模型的运行
To…	PUSH to SHIP	产品最后排除系统

注:element 为系统变量,代替当前执行事件的元素名;

Totalin( )函数将返回其参变量对象中获取总的 part 的数量。

⑤ Buffer 元素的细节设计

队列 buffers1 和 buffers2 保留缺省设计。

5)建模元素可视化设置

系统完成了本章 5.12.3.4 节的细节设计,已经可以正常运行了,但是为了模型界面能够更好地表示被模拟的现实系统,需要对各个实物元素进行可视化效果设计。

① Part 类型元素 eproduct 的可视化设计

在元素定义过程中,对 eproduct 的可视化效果采用了 Designer Element 窗口中 Part 元素的默认可视化效果,其图标为一个红的点,在接下来的设计中将这个图标换为一个单色的电话图标,使它可以通过系统属性 pen 值的变化让它呈现不同的颜色,这样在模型运行过程中,可以通过 eproduct 的显示图形来判断它当前的状态:没经过普工处理(蓝色)、疑难问题(黄色)、修理好了(红色)。

具体过程如下:

a. 右击当前 eproduct 的图标,将弹出"快捷菜单";

b. 在"快捷菜单"中选择"Display"菜单项,将弹出"Display Part – eproduct"工具条;

c. 在"Display Part – eproduct"工具条中将显示 Update 和 Style – Simulation Layer;

d. 在工具条中单击 ✎ 按钮,将弹出"Display Style – eproduct"对话框,在该对话框中设置希望的图标和该图标的颜色即可,如图 5.27 所示。

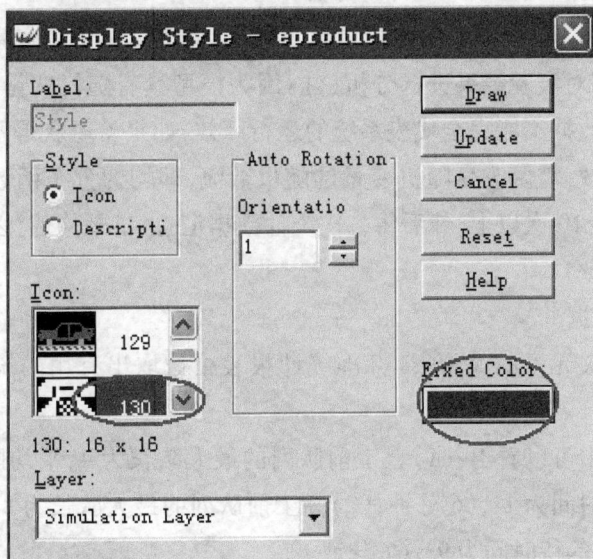

图 5.27　eproduct 元素更新 Style 设计界面

② Machine 类型元素 commonlabor 和 experts 的可视化设计

commonlabor 的可视化设计包括 3 处:第一是将机器的图标换成一个人物图标 (通过 Update 该元素的 Icon 可视化项目);第二是在这个人物图标前方设计一个线框 (通过添加绘制一个矩形框,即 Draw→Rectangle);第三是将已有的 Part Queue 可视化项目移到线框中(直接在布局上拖动 Part Queue 图标即可),这样在 commonlabor 进行 eproduct 检修时,eproduct 图标将显示在该线框之中 。

experts 的可视化设计内容和过程同 commonlabor,具体效果可以参见图 5.20。

③ 说明性文本的设置

在模型布局图上有两处文字说明,可以通过左侧元素列表框(Elements)中 System 节点下的 Backdrop 项设置可视化项目实现。为了实现本模型中的文字说明,需要设置 4 个 Text 项目和一个 Rectangle 项目,其中的 3 个 Text 项目用于设置 3 行关于颜色说明的文字,另一个 Text 项目用于设置模型运作流程说明的文字(该文字为多行文字,需要在一个 Text 项目中实现换行,实现换行请同时按 Ctrl + Enter 键)。

(4)系统仿真实验结果统计与分析

在模型元素、流程和可视化效果设定之后,进行 1 次仿真实验以获得需要的统计结果,并对实验结果进行分析(注:因为模型具有随机变量,所以 1 次仿真实验的统计数据不能完全代表系统的运行绩效,如果希望获得系统在当前模式下的运行绩效,需要改变随机变量的随机数流,即均匀分布函数中的第三个参数,运行实验 10 次以上,然后将各次统计数据汇总、求平均值,以平均值作为系统的期望绩效)。

1)统计数据

对模型相关元素的 Witness 标准统计报表中截取出有用的统计数据见表 5.9～表 5.11。

从表 5.9 中可以看出:(1)普工前队列的最大队长为 4,平均队长为 0.99,电器平均等待时间为 11.06 分钟;(2)高工前队列的最大队长为 8,平均队长为 3.28,电器平均等待时间为 93.67 分钟。

表5.9　维修人员前队列统计简表

Name	Total In	Total Out	Now In	Max	Min	Avg Size	Avg Time
buffers1	110	110	0	4	0	0.99	11.06
buffers2	43	35	8	8	0	3.28	93.67

从表5.10中可以看出:(1)普工工作忙率为88.8%,空闲为11.06%,被阻塞时间为0.14%,总完成电器的检测和修理数量为109件;(2)高工1工作忙率为97.93%,空闲为2.07%,被阻塞时间为0,总完成电器的修理数量为17件;(3)高工2工作忙率为98.79%,空闲为1.12%,被阻塞时间为0.1%,总完成电器的检测和修理数量为17件。

表5.10　维修人员统计简表

Name	% Idle	% Busy	% Blocked	No. Of Operations
commonlabor	11.06	88.8	0.14	109
experts(1)	2.07	97.93	0	17
experts(2)	1.12	98.79	0.1	17

从表5.11中可以看出:电器总共进入系统110件,维修好并送出系统的有98件,当前在制品库存12件,平均在制品库存7.92件,单个电器通过系统的平均时间为88.34分钟。

表5.11　电器统计简表

Name	No. Entered	No. Shipped	W.I.P.	Avg W.I.P.	Avg Time
eproduct	110	98	12	7.92	88.34

2)系统分析及优化建议

① 顾客满意度分析

主要从顾客平均等待时间和队列长度方面分析。从表5.9中可以看出顾客平均等待时间在普工前面为11.06分钟,在高工前面为93.67分钟,从实际生活经验来看,如果维修的是一般性的家电而非工业用品,顾客对这么长的等待时间是可以接受的;同样同表5.9中可以看出队列最大长度普工前为4件,在高工前为8件;而平均队列长度普工前为0.99件,高工前为3.28件,应该说都不算高。因此可以说该系统的顾客满意度还是比较高的,即仅仅从顾客满意度方面考虑,该系统可以暂时不进行优化。

② 员工满意度分析与优化

主要分析员工工作压力,即工作忙率。从表 5.9 中可以看出,普工忙率为 88.8%,高工忙率超过 97%,而且还可以看出,普工和高工 2 都有被阻塞时间,这项时间比例是由输送链的移动速度过慢造成的,而实际系统产品排出时间要比输送链快得多,即可能没有这个被阻塞时间,那么员工的忙率可能更高,因此,可以得出员工的工作强度比较大,如果从员工福利方面考虑,迫切需要对系统进行优化,因为正常员工工作忙率为 75% ~80%。

③ 优化的建议

a. 引进新的员工,要想降低两类员工的工作压力,则需要引进两名员工(一名普工、一名高工),显然在经济成本上老板是不会同意的。

b. 引进 1 名新员工,该工人可以进行普工的工作,而且在闲暇时,还可以协助高工进行维修作业,如果有该普工的协助,高工的维修时间将比高工独自一人维修疑难问题电器耗时要短。

c. 购买辅助仪器设备,这些设备可以分别提高普工和高工的工作效率。

第6章　现代制造系统

实验6.1　慧鱼工业机器人设计与应用

【实验目的和要求】

（1）了解工业机器人的组成、分类、坐标系和性能指标；

（2）了解慧鱼工业机器人3组合包中的各类硬件功能和性能；

（3）掌握工业机器人——抓取机械手的结构设计原则和方法；

（4）掌握 ROBO 软件编程控制工业机器人的方法。

【实验内容】

（1）阅读课本，学习工业机器人的组成、分类坐标系和性能指标相关内容；

（2）参照工业机器人3中的拼装手册搭建抓取机械手模型；

（3）连接 ROBO TXT 控制器，应用 ROBO PRO 软件编程控制抓取机械手。

【实验仪器及器材】

（1）工业机器人3组合包；

（2）直流开关电源9V；

（3）计算机；

（4）ROBO TXT 控制器；

（5）ROBO PRO 软件。

【实验步骤及方法指导】

（1）认识抓取机械手的主要组成：支承系统（机身和机座）、控制系统（RO-

BO TXT 控制器)、检测装置(接触开关)、执行机构(机械臂和抓手),并在组合包中找到相关构件。

(2) 参照工业机器人 3 中的拼装手册搭建抓取机械手模型,注意各个零件拼装到位,防止运动干涉。

(3) 确定导线长度、制作导线和接线头,连接抓取机械手模型和 ROBO TXT 控制器,并将 ROBO TXT 控制器与计算机相连。

(4) 设置抓取机械手的标准坐标系(见表 6.1),准确定义抓手的空间位置,所有轴的初始位置由定位开关定位,机械手的运动位置通过编码器马达脉冲计数确定。

表 6.1　抓取机械手的参考坐标系

运动形式	坐标轴	马达	接触开关	脉冲计数端口
旋转	X	M1	I1	C1
上升下降	Z	M3	I3	C3
抓取		M4	I4	C4

(5) 理解抓取机械手完整的运动过程,如图 6.1 所示。

初始位置 → 旋转定位 → 机械臂下降 → 抓手闭合

机械臂上升 → 旋转定位 → 机械臂下降 → 抓手打开

图 6.1　抓取机械手运动过程

(6) 使用 ROBO PRO 编写控制程序:

① 编写程序 1 实现功能:抓手打开,各坐标轴回到初始位置。

② 编写程序 2 实现功能:机械手抓取物件后,机械臂上升 200 个脉冲,转动 800 个脉冲,然后机械臂下降 150 个脉冲,抓手打开。

【实验报告】

(1) 总结工业机器人的组成、分类、坐标系和性能指标。

(2) 拍摄拼装过程的视频和模型的照片,列出在拼装过程中遇到的问题及解决方法,掌握齿轮机构的传动比,分析齿轮传动之间的转动方向。

(3) 编写控制程序,实际运行,查找其中的问题,最后提交程序,并对程序进行截图,写入实验报告。

实验 6.2 慧鱼叉车机器人设计与应用

【实验目的和要求】

(1) 了解工业叉车的性能、动力源、分类及应用领域；

(2) 了解慧鱼机器人技术组合包中的各类硬件功能和性能；

(3) 掌握慧鱼叉车机器人的结构设计方法；

(4) 掌握 ROBO 软件编程控制叉车机器人的方法。

【实验内容】

(1) 阅读课本,学习工业叉车的性能、动力源、分类及应用领域等相关内容；

(2) 参照慧鱼机器人技术组合包拼装手册,搭建叉车机器人模型；

(3) 连接 ROBO TXT 控制器,应用 ROBO PRO 软件编程控制叉车机器人。

【实验仪器及器材】

(1) 慧鱼机器人技术组合包；

(2) 直流开关电源9V；

(3) 计算机；

(4) ROBO TXT 控制器；

(5) ROBO PRO 软件。

【实验步骤及方法指导】

(1) 了解叉车机器人的组成:动力系统(马达和电池)、控制系统(ROBO TXT 控制器)、底盘系统(传动系和转向系)、检测装置(轨迹传感器和微动开关)、工作部分(货叉和叉架等),并在组合包中找到相关构件。

(2) 参照慧鱼机器人技术组合包中的拼装手册搭建叉车机器人模型,注意各个零件拼装到位,防止运动干涉。

（3）确定导线长度、制作导线和接线头，将传感器、微动开关和编码马达和 ROBO TXT 控制器相连接，并将 ROBO TXT 控制器与计算机相连（可通过蓝牙无线连接方式），以接口测试功能检查零件是否正常工作。

（4）使用 ROBO PRO 编写控制程序：

① 分别编写程序实现上升和下降功能。提示：当上升时，车叉应该是向上运动（马达 M3 以逆时针方向运转），直到上面的限制开关 I4 被触动；当下降时，车叉应该向下运动（马达 M3 以顺时针方向运转），直到下面的限制开关 I3 打开。使用一个"wait - for"组件，并把它设定为"1 ->0"来完成任务。

② 编写程序完成以下任务：使用组合包内的场地（2a），让叉车机器人从 A 点开始，提取一货物，然后沿着轨迹把货物送到 B 点，然后把货物卸下。提示：需要控制叉车的速度，让其慢慢移动，以免速度过快而冲出轨迹，从而使叉车认为已到达终点，进行卸货的动作。

【实验报告】

（1）总结工业叉车的性能、动力源、分类及应用领域。

（2）拍摄拼装过程的视频和模型的照片，列出在拼装过程中遇到的问题及解决方法。

（3）编写控制程序，实际运行，查找其中的问题，提交最终程序，并对程序流程图进行截图，写入实验报告。

第7章　人因工程

实验 7.1　彩色分辨视野实验

【概述】

视野是指当人的头部和眼球不动时,人眼能观察到的空间范围,通常以角度表示。人的视野范围在垂直面内,最大固定视野为115°,扩大的视野范围为150°;在水平面内最大固定视野为180°,扩大的视野为190°。不同颜色对人眼的刺激不同,视野也不同。白色视野最大,黄、蓝、红、绿的视野依次减小。通过本实验可以了解人眼对不同颜色的视野范围及视野中盲点的位置。

【实验目的和要求】

(1) 掌握视野的测量方法;
(2) 了解人眼对不同颜色的视野范围;
(3) 理解盲点这一视觉现象。

【实验内容】

(1) 熟悉彩色分辨视野仪的操作;
(2) 应用彩色分辨视野仪测定不同颜色和不同刺激大小下的视野范围;
(3) 应用彩色分辨视野仪测定盲点的位置。

【实验仪器及器材】

BD - Ⅱ - 108 彩色分辨视野仪。

【实验步骤及方法指导】

（1）安装、调整并固定好彩色分辨视野仪。安装视野图纸，熟悉在图纸上记录的方法。

（2）主试选取某一种颜色（红、黄、绿、蓝、白）及一种圆孔型号进行测试。

（3）在测量右眼的视野范围时，被试带上单眼罩，遮住左眼，下巴放在仪器支架上，右眼注视正前方的黄色注视点，不能转动眼睛（切记），同时用余光注意仪器的半圆弧。测试时，若被试发现视野内被测试的某种颜色消失或出现，应立即报告。

（4）主试转动圆盘，拔出分度销，将弧放到 0～180° 的位置。然后将分度销插入相应角度位置的孔中，固定圆盘。把滑轮放在靠近中心注视点的左半个弧上，并由内向外（左）缓缓移动滑轮，直到被试报告该颜色消失，将此时刺激所在的位置记录在图纸相应的位置上。然后再把该刺激从最左侧向中心注视点移动，到被试报告刚刚看到刺激时为止，用同样方法做记录。取平均值为该颜色在左侧视野水平方向的阈值。

（5）再按同样的步骤用测量被试在右边的半个弧上的视野范围。但有一点不同，当刺激从内向外或从外向内移动的过程中，会产生刺激突然消失和再现的现象。记录刺激突然消失和再现的位置，即盲点的位置。

（6）把视野计的弧依次放到 45°～225°、90°～270°、135°～315° 等位置上，再按上述程序测定其他角度的视野范围。每做完弧的一个角度位置休息 2 分钟。

（7）测量左眼的步骤与右眼的步骤相同。左眼的盲点处于被试左边半个弧上。

【实验报告】

（1）测定不同颜色的视野范围。

（2）比较不同刺激大小（即选取不同的圆孔型号）下彩色视野的异同。

（3）比较左、右眼彩色视野的异同。

（4）测定左、右眼盲点的位置，并讨论为何平时不能觉察到盲点的存在？

实验 7.2 听觉实验

【概述】

响度绝对阈限是指在某一声音频率我们刚刚感觉到有声音时的强度。当声强逐渐增加时,主观上产生由弱到强程度不同的响度感觉。声强和响度不同,前者是声音的客观物理量,而后者是声音的主观物理量。一般而言,频率相同的声音的响度是由强度决定的,但频率不同的声音的响度除了由振动强度决定以外,也受频率大小的影响。也就是说,对于频率不同的声音,其响度的绝对阈限值也是不同的。

【实验目的和要求】

(1) 掌握测量响度绝对阈限的方法;

(2) 了解不同频率乐音的响度绝对阈限。

【实验内容】

(1) 熟悉 BD – Ⅱ –116 型听觉实验仪的使用方法;

(2) 分别使用渐增法与渐减法测量左、右耳对不同频率乐音的响度绝对阈限;

(3) 根据实验数据,分别作出左、右耳的响度绝对阈限曲线图。

【实验仪器及器材】

(1) BD – Ⅱ –116 型听觉实验仪。

① 频率范围:64 Hz ~16kHz,分档与连续调节,实时显示。9 个固定档频率(Hz):64,128,256,512,1k,2k,4k,8k,16k。其频率误差小于 ±5% 。

② 波形非线性失真系数:≤0.5% 。

③ 衰减器:0 ~100db,每档 2db。

④ 输出:4W,四路输出同时可供 4 副耳机使用,可同时测试 4 个被试的听力曲线。

⑤ 声音分连续、间断两档,间断周期为 3 秒。

⑥ 可选择显示衰减 db 值与声强 db 值。

⑦ 输入电源:～220V ± 10 ％ ,50Hz,功率 7W。

(2) 隔音耳机。

【实验步骤及方法指导】

(1) 熟悉主试面板各键功能,将仪器线路、附件接好,接通 AC 220V 电源,指示灯亮后预热 15 分钟。

(2) 在被试面板上将耳机插入对应耳机插孔,被试者戴上耳机,背向主试和仪器。

(3) 主试将频率波段开关旋至要选择的频率处。若实验仪器需要校准,则将校准表调到 0dB 指示刻度。然后,主试将左(或右)和断续(或连续)的按键按下,选择声音的呈现方式。

(4) 用渐增法测定响度的绝对阈限:

① 实验开始前,告知被试将手指放到电键上,集中注意力,当听到声音出现时就马上按键,或者根据仪器的不同口头报告。

② 主试将乐音强度衰减到被试听不到处开始测试,逐渐减小衰减量,当被试做出反应时,对应的信号灯亮,主试停止减小衰减量,此时响度为该被试在此频率下的听觉阈限值,记录此时仪器输出的分贝数。

(5) 用渐减法测定响度的绝对阈限:

步骤同(4),只是第②步中将衰减器调到被试能听到的强度后,再开始逐渐增大衰减量,直到被试听不到声音时停止。

(6) 实验结果及处理:

① 将记录的各频率的响度绝对阈限填入记录表 7.1。

表7.1　实验所测衰减分贝值

频率/Hz		64	128	256	512	1k	2k	4k	8k	16k
左耳/dB	渐增法									
	渐减法									
右耳/dB	渐增法									
	渐减法									

② 作响度绝对阈限曲线

将实际所测得的衰减分贝数,减去"0"dB衰减时各耳机声响分贝数(见表7.2),就得到此频率下被试的响度绝对阈限值。

表7.2　仪器所附耳机"0"dB衰减时各频率相应的声响分贝数

频率 F/Hz	64	128	256	512	1k	2k	4k	8k	16k
声响 A_0/dB	68	72	79	83	85	82	74	70	48

测得各个频率点响度绝对阈限,可以作出响度绝对阈限曲线。

【实验报告】

(1) 什么是响度绝对阈限? 响度绝对阈限是否存在个体差异?

(2) 根据实验所测实际数据,在方格纸上分别作出左、右耳响度绝对阈限曲线图。

(3) 结合实验结果说明频率与响度绝对阈限的关系。

实验7.3　视觉反应时实验

【概述】

在许多情况下,系统呈现一个刺激,要求操作者根据刺激的信息内容做出相应反应。一般将外界刺激出现到操作者根据刺激信息完成反应之间的时间间隔称为反应时。反应时是人因工程学在研究和应用中经常使用的一种重要的心理特征指标,在实践中往往利用反应时指标来近似说明人对信息处理过程的效率及影响因素。

【实验目的和要求】

（1）在改变刺激概率、奇偶数、大小数、信息量、时距的条件下测定视觉反应时间；

（2）加深对反应时概念的具体认知；

（3）寻找影响视觉反应时的因素。

【实验内容】

（1）刺激概率对反应时的影响；

（2）数奇偶不同的排列特征对反应时的影响；

（3）数差大小排列特征对反应时的影响；

（4）信息量对反应时的影响；

（5）"刺激对"异同及时间间隔对反应时的影响。

【实验仪器及器材】

BD－Ⅱ－511 型视觉反应时间测试仪。

【实验步骤及方法指导】

（1）刺激概率对反应时的影响

① 测试：

将红、绿、黄三种色光分别作为刺激，每次试验选用一种色光刺激，仪器根据设定的组别，自动确定该组实验中红、绿、黄三种色光应出现的次数。按红、绿、黄三种色光出现次数的不同比例（概率）共分四组实验，即组别 1、组别 2、组别 3、组别 4。回答可选用任一反应手键。每组实验完成后，将自动反复显示本组实验中红、绿、黄三种色光的各自平均简单反应时及实验次数。

② 将实验数据填入表7.3。

表7.3 不同色光的平均反应时间

组别	刺激颜色	颜色出现次数	平均反应时间/s
组别1	红		
	绿		
	黄		
组别2	红		
	绿		
	黄		
组别3	红		
	绿		
	黄		
组别4	红		
	绿		
	黄		

（2）数奇偶不同的排列特征对反应时的影响

① 测试：

根据数排列特征不同分成三组实验（数横向整齐排列——组别1；数竖向整齐排列——组别2；数随机排列——组别3）。实验用红色光刺激，被试判别显示点之和是奇数还是偶数，用反应手键回答。如左、右刺激点数和为奇数，按"左"键；如为偶数，按"右"键。回答正确，显示器自动显示每一次正确判断的反应时间；回答错误，蜂鸣声响提示，自动记录错误次数。实验结束，仪器自动显示正确回答的平均反应时及错误回答次数。

② 将实验数据填入表7.4。

表7.4 数奇偶的平均反应时间

数奇偶	平均反应时间/s	错误次数
组别1		
组别2		
组别3		

（3）数差大小排列特征对反应时的影响

① 测试：

根据数排列特征不同分三组实验（数横向整齐排列——组别1；数竖向整齐排列——组别2；数随机排列——级别3）。实验用红色光刺激，被试判别显示点左边显示点多还是右边显示点多，用反应手键回答。如左边刺激点多，按"左"键；右边多，按"右"键。回答正确，显示器自动显示每一次正确判断的反应时间；回答错误，蜂鸣声响提示，自动记录错误次数。实验结束，仪器自动显示正确回答的平均反应时及错误回答次数。

② 将实验数据填入表7.5。

表7.5　不同数类大小的平均反应时间

数差大小	平均反应时间/s	错误次数
组别1		
组别2		
组别3		

（4）信息量对反应时的影响

① 测试：

根据刺激信息方式分三组实验。

组别1：在显示屏中间随机显示红或绿"大"正方形。实验要求被试只对"红大正方形"有反应，而对"绿大正方形"不反应。

组别2：在显示屏中间随机显示红或绿"大"正方形，以及红或绿"小"正方形。实验要求被试对"红大正方形或绿小正方形"有反应，而对"绿大正方形或红小正方形"不反应。

组别3：在显示屏左右两边随机显示红或绿"大"正方形，以及红或绿"小"正方形。实验要求被试进行反应的是"左侧呈现红色大正方形，右侧呈现红色小正方形"或者"左侧呈现绿色小正方形，右侧呈现绿色大正方形"，而对于"左侧呈现红色小正方形，右侧呈现红色大正方形"或者"左侧呈现绿色大正方形，右侧呈现绿色小正方形"不反应。

实验测定的是辨别反应时，刺激呈现后作为辨别反应的称之正刺激，不作反应的称之负刺激。实验用红、绿色光刺激，被试判别刺激是"正刺激"还是"负刺激",如果是正刺激,回答可选用左右任一反应手键。出现负刺激不回答,两秒钟后会自行消失。回答正确,显示器自动显示每一次正确判断的反应时间。回答错误,蜂鸣声响提示,自动记录错误次数。实验结束,仪器自动显示正确回答的平均辨别反应时及错误回答次数。

② 将实验数据填入表7.6。

表 7.6 不同信息量的平均反应时间与错误数

信息量	平均反应时间/s	错误次数
组别 1		
组别 2		
组别 3		

（5）"刺激对"异同及时间间隔对反应时的影响

① 测试:

实验采用 4 对字母刺激:AA、Aa、AB、Ab。根据每对两个字母呈现时间的不同分为 4 组:两字母同时呈现——组别 1;两字母呈现时间间隔为 0.5 秒,第一个字母呈现 2 秒后消失,隔 0.5 秒呈现第二个字母——组别 2;两字母呈现时间间隔 1 秒,第一个字母呈现 2 秒后消失,隔 1 秒呈现第二个字母——组别 3;两字母呈现时间间隔为 2 秒,第一个字母呈现 2 秒后消失,隔 2 秒呈现第二个字母——组别 4。

实验用红色光刺激,刺激在显示屏左、右两侧呈现。被试依次呈现内容,用反应手键回答。呈现 AA 和 Aa,按"左"键;呈现 AB 和 Ab,按"右"键。回答正确,显示器自动显示每一次正确判断的反应时间;回答错误,蜂鸣声响提示,自动记录错误次数。实验结束,仪器自动显示正确回答的平均选择反应时及错误回答次数。

② 将实验数据填入表7.7。

表 7.7 不同时间间隔下的平均反应时间与错误数

时距	平均反应时间/s	回答错误次数
组别 1		
组别 2		
组别 3		
组别 4		

【实验报告】

（1）影响视觉反应时间的因素有哪些？

（2）根据实验结果讨论反应时是否受练习和疲劳等因素的影响？

实验 7.4　闪光融合频率实验

【概述】

闪光融合临界频率是指感到光的融合时闪光的最低频率和感到光闪烁时闪光的最高频率的平均数，通常用 eff 表示，单位是 Hz。闪光融合临界频率表示视觉系统分辨时间能力的极限，体现了人类辨别闪光能力的水平。闪光融合临界频率越高，表示时间的视敏度越高。视敏度指辨别闪光能力的水平。人体疲劳程度与闪光融合临界频率有关，人疲劳时，闪光融合临界频率降低，因而通过对人的闪光融合临界频率的测定还可以了解人体的疲劳程度。

【实验目的和要求】

（1）通过测量闪光融合临界频率，确定视觉时间的视敏度；

（2）检验闪光强度、闪光色调、亮黑比及背景光的强度发生变化时对闪光融合临界频率的影响。

【实验内容】

（1）分别改变闪光强度、闪光色调、亮黑比以及背景光的强度，测试不同参数变化程度下对闪光融合临界频率的影响。

（2）实验用红、绿、黄 3 种颜色分别测出闪光融合临界频率值，确定辨别闪光能力的水平。亮点闪烁频率范围为 8~50Hz；两点颜色为红、绿、黄；亮点直径为 2mm；亮点观察距离为 300mm；背景光为白色，强度为三挡可调；亮黑比为 1:3，1:1，3:1 三挡；亮点光强度为七档，最强光为 1lm。

【实验仪器及器材】

闪光融合频率计。

【实验步骤及方法指导】

（1）接通电源,打开亮点闪烁仪开关,被试根据实验要求,先将亮点强度、亮点色调、亮黑比及背景光的强度调到测试所需位置上。

（2）被试双眼紧贴观测筒,轻微旋转观测筒的调频旋钮,观察位于视觉中央的亮点,测定闪光临界频率值。

（3）在测定闪烁临界频率时,被试调节频率快慢,如果被试看到一个闪烁的亮点,通过调频旋钮提高频率来观察亮点刚刚不闪烁,记录其频率;如果被试看到一个稳定的亮点,通过调频旋钮降低频率来看到亮点闪烁,刚看到亮点时立即停止旋钮,记录其频率。

（4）在融合点附近反复测试多次,得出平均值,记录在表格中。

（5）若实验要检测不同颜色的闪烁临界频率,保持其他条件不变,通过转动亮点"选色"按钮,选定所需颜色。

（6）若实验检验亮点强度对闪烁临界频率的影响,保持其他条件不变,在不同光强下测定闪烁临界频率并记录数据。检验亮黑比及背景光的强度实验也按照此方法。

【实验报告】

（1）试比较不同色光的闪光融合频率值。

（2）视觉疲劳对闪光融合频率是否有影响? 试设计实验证明。

实验 7.5　两点阈实验

【概述】

两点阈是皮肤敏锐程度指标。两点阈是两个刺激点同时作用于皮肤时,被试能分辨皮肤上两点刺激的最小距离。身体不同部位的两点阈大小值是不同的。其规律是,运动能力较高的部位两点阈较低,如手心、指尖两点阈较小,肩、背两点阈较大。随着疲劳程度的增加,人体的两点阈增加,能够通过人体前后疲劳与非疲劳状态的两点阈进行对比,判断疲劳程度的大小。

【实验目的和要求】

测定人体皮肤的两点阈,了解人体不同位置上两点阈的差别。

【实验内容】

(1)实验测试两个刺激点同时作用于皮肤时,能够分辨两点刺激的最短距离。实验由一个游标卡尺和 a、b、c 三个刺激点构成,测定人体皮肤部位的两点阈。

(2)a 和 b 两刺激点间距由长变短或由短变长,被试刚刚感觉到两点时,此两点间距离即为该处皮肤两点阈。

【实验仪器及器材】

(1)两点阈量规;

(2)遮光眼罩。

【实验步骤及方法指导】

(1)检查仪器设备是否完好且可用,被试戴上遮光眼罩,坐在桌边,或将头转向非测量部位,伸出惯用手,手心向上平放于桌面上。

(2)主试将两点阈量规的触针垂直地、轻轻地同时落在被试者手心上,并使两个尖点接触皮肤的压力相等,保持 2s 时间。两次刺激之间的时间间隔至少要 5s。

(3)主试将多次调整 a 和 b 两个刺激点间距,给出最大测试距离和最小测试距离。最大测试距离与最小测试距离等间距的选出 5 个刺激点。每个距离刺激次数应不小于 10 次。被试要在刺激后立即报告,回答测试感觉的刺激点为两个点或一个点,并在整个实验过程中判断两个点和一个点的标准要前后一致。

(4)被试感觉到两点的最小距离即为该处皮肤的两点阈。

(5)为了检查被试判定两点阈时是否说谎,实验过程中,主试可以在随机情况下只给一个刺激点,检验被试是否回答感觉到两个点。

（6）测量人体皮肤的其他位置,方法同上。

【实验报告】

（1）人的身体不同部位皮肤的两点阈是否有差异?

（2）性别对两点阈是否有影响?

（3）测量精度会受到哪些因素影响?

实验 7.6　握力实验(用力感)

握力是一种重要的手部力量。握力的大小很大程度上反映手的用力能力。同时,握力与手部的其他力量有较大的关系。对于自己握力大小感受能力强的人不但能感觉到事后两次用力的细微分别,还能主动通过一些标准来控制自己的用力程度。人们把这种对用力大小辨别和控制的能力称为力感。同时,大量实验数据表明:握力的大小因年龄、性别等因素的变化而存在很大的差异。

【实验目的和要求】

了解并检验用力感的个体差异,同时学习用复制法测试用力感。

【实验内容】

（1）测试被试的最大握力及用力感。

（2）测试最大握力即为实验步骤(2)中的第一次握力值的大小。

（3）用力感的测定要求被试把第一次用力的大小作为标准刺激复制出来,根据被试复制的结果和标准握力之差,按公式计算出用力感的大小:

用力感 = 1/((最大力 - 复制结果)/最大力) = 最大力/(最大力 - 复制结果)

【实验仪器及器材】

（1）握力器;

（2）秒表;

（3）遮眼罩。

【实验步骤及方法指导】

（1）准备阶段：

主试根据被试的手掌大小将握力器调整到能使被试中指第二关节弯到90^0，以便发挥其最大握力，并使握力器的数值归零，同时，为被试者佩戴遮眼罩。

（2）测试阶段（以右手为例）：

① 让被试者双腿自然分开并保持身体直立，双臂自然下垂，右手握住握力器，手心向内。主试者发出实验开始的指令并按下秒表计时，被试者尽自己最大努力后报告自己第一次握力情况，主试者立即停止秒表并将最大握力值及其所用的测试时间填入数据表。

② 稍作休息后，主试将握力器数值归零，请被试再用右手握两次。第一次被试要求在刚才测试最大握力值的1/2时间内完成握力测试，主试用秒表控制时间，时间一到立即喊停，并记录下这时用力的大小即为最大力。第二次必须立即开始，否则被试的用力感就不明显，要求被试根据自己的感觉达到第一次的用力大小即松手，主试记下此时的握力大小即为复制结果。

③ 按照②的方法左、右手各做两次。

（3）将实验数据填入表7.8。

表 7.8　握力值记录表

右手				
被试	最大握力值/N		测试时间/s	
	最大力/N		复制结果	用力感
1				
2				
左手				
被试	最大握力值/N		测试时间/s	
	最大力/N		复制结果	用力感
1				
2				

【实验报告】

（1）针对被试而言,其优势手和非优势手有什么差别?

（2）从数据结果显示,男生与女生有何差异?

（3）哪些因素对最大握力有影响?（不少于 4 个）

实验 7.7　记忆广度实验

【概述】

记忆广度指的是按固定顺序逐一地呈现一系列刺激以后刚刚能够立刻正确再现的刺激系列的长度。其呈现的各刺激之间的时间间隔必须相等。再现的结果必须符合呈现的顺序才算正确。记忆广度是测定短时记忆能力的一种简单易行的方法。

【实验目的和要求】

（1）掌握测定记忆广度的方法,并将数据进行相互之间的对比以此来加深对短时记忆特点的认识并分析影响记忆广度的因素,同时得出一些提高记忆的措施;

（2）通过对记忆广度测试仪的应用,测定视觉数字记忆广度。

【实验内容】

仪器按照固定顺序逐一呈现一系列刺激之后,被试能立即并正确的再现刺激系列的内容,所呈现的各个刺激之间的时间间隔是固定相等的,再现的结果必须符合所给刺激的顺序和内容才算正确。实验要求完成两套从 3 ~ 16 位的数字编码的测试。每套编码中相同位数的 4 个数组位一个位组,14 个位组为一套编码,数字从 0 ~ 9 随机组合。数字显示窗口由 3 至 16 位依次显示,每一位数字的显示时间为 0.7s。在标有码 I、码 II 的计分、计时面板上,当计分灯亮时六位数码显示计分和记位,计时灯亮时六位数码显示计时和计错。0202.00 表示基础位长为 2, 基础分为 02.00 分。

实验结束的两种情形:

(1) 实验中被试每答错一组数计错一次, 如果连续答错 8 次, 实验自动停止响蜂鸣;

(2) 当被试完成 14 个位组的记忆实验, 实验结束响蜂鸣。

【实验仪器及器材】

BD – Ⅱ –407 记忆广度测试仪。

本仪器适用于心理特点测定中的数字记忆广度实验和提高记忆力的训练, 并具有同时测量被试者视觉、记忆、反应速度三者结合能力的功能, 是一种常用的心理测量仪器。

仪器组成:控制器、主面板、被试面板、键盘输入盒。

【实验步骤及方法指导】

(1) 准备

接通电源, 数码显示 0202.00。码Ⅰ灯、计分灯亮, 此时对编码Ⅰ进行测试。

(2) 测试

① 被试手持键盘按"∗"键, 显示窗口自动提取一个 3 位数, 当键盘上绿色指示灯亮后, 被试根据呈现的顺序按动键盘上相应的数字键回答, 回答正确计 0.25 分。被试再按"∗"键, 接着提取下一个数组继续回答, 如果 4 个数组全部答对计 1 分, 同时位长加 1;如果答错, 答错灯亮并响一次蜂鸣, 同时计错一次。倘若被试记不住显示的数字, 可按任一数字键, 蜂鸣提示出错, 再按"∗"键, 即又提取下一数组码。依次循环, 当听见长蜂鸣则测试结束, 主试停止实验, 并记录成绩。

② 按"复位"键测试重新开始, 将码Ⅱ灯按亮, 对编码Ⅱ进行测试。

③ 在测试过程中, 主试也可以随时改变码Ⅱ或码Ⅰ。改变编码状态后, 再按"∗"键, 测试按照新编码重新开始测试。

(3) 将实验数据填入表7.9。

表7.9 记忆广度测试结果记录

编码	位数	时间/min	分数	出错次数
码Ⅰ				
码Ⅱ				

【实验报告】

（1）测量 20～25 岁大学生的记忆广度。

（2）在测试分析过程中采用什么策略,可以有效地增加记忆广度?

第8章 智能算法与应用

实验8.1 蚁群算法应用实验

【实验目的和要求】

理解蚁群算法的本质,会编写蚂蚁算法来求解 TSP 问题。旅行商问题,即 TSP(Travelling Salesman Problem)问题,又译为旅行推销员问题、货郎担问题,是数学领域中的著名问题之一。假设有一个旅行商人要拜访 n 个城市,他必须选择所要走的路径,路径的限制是每个城市只能拜访一次,而且最后要回到原来出发的城市。要求所选路径的路程为所有路径之中的最小值。

【实验内容】

蚂蚁在寻找食物源时,能在其走过的路上释放一种特殊的分泌物——信息素(随着时间的推移该物质会逐渐挥发),后来的蚂蚁选择该路径的概率与当时这条路径上该物质的强度成正比。当一定路径上通过的蚂蚁越来越多时,其留下的信息素轨迹也越来越多,后来蚂蚁选择该路径的概率也就越高,从而增加该路径的信息素强度。

强度大的信息素会吸引更多的蚂蚁,从而形成一种正反馈机制,通过这种正反馈机制,蚂蚁最终可以发现最短路径。特别地,当蚂蚁巢穴与食物源之间出现障碍物时,蚂蚁不仅可以绕过障碍物,而且通过蚁群信息素轨迹在不同路径上的变化,经过一段时间的正反馈,最终收敛到最短路径上。

因此,应通过实验让学生了解蚁群算法的基本原理及在求解旅行商问题中的应用。

【实验仪器及器材】

计算机。

【实验步骤及方法指导】

在 Visual Studio 2013 中应用 C++语言实现该算法：

```cpp
#include <iostream>
#include <math.h>
#include <time.h>
using namespace std;
const int MaxInt = ~(unsigned int)0 / 2;
/* double d[5][5] = {
                {0, 7, 6,10,13},
                {7, 0, 7,10,10},
                {6, 7, 0,5 ,9 },
                {10,10,5,0, 6 },
                {13,10,9,6, 0 }
            }; //表示路径(i,j)之间的长度
*/
class Ant
{
private：
    int AntNum;//蚂蚁个数;
    int NodeNum;//节点个数;
    int MaxRunNum;//最大运行次数
    int RunNum;//运行次数
    double * * d;//表示路径(i,j)之间的长度
    double * * n;//边弧(i,j)的能见度(visibility),或称局部启发因子,
                //一般取 1/d 表示路径(i,j)之间的长度;
    double * * t;//边弧(i,j)的信息素轨迹强度(intensity)
```

```
double INITINFO;//初始的信息素值
double **deltaT;//蚂蚁 k 于弧上(i,j)留下的单位长度轨迹信息
               //素数量;
double **P;//蚂蚁 k 在结点的转移概率,j 是尚未访问结点;
int **tab;//蚂蚁的禁忌表
double MinSum;//最短路径长度
int *MinRoute;//最优路径
double a;//信息素轨迹的相对重要性
double b;//边弧能见度的相对重要性
double p;//信息素轨迹的持久性(Evaporation)
double Q;//(轨迹数量)
public:
Ant(int Num,double position[][2]):NodeNum(Num)
{

    srand(time(NULL));
    AntNum = 50;
    p = 0.8;
    a = 1;//(1~2)
    b = 2;//(2~5)
    P = get2DMemory(P,NodeNum);
    t = get2DMemory(t,NodeNum);
    n = get2DMemory(n,NodeNum);
    d = get2DMemory(d,NodeNum);
    tab = get2DMemory(tab,AntNum,NodeNum);
    posToDistance(position);
    MinSum = MaxInt;
    MinRoute = new int[NodeNum];
    MaxRunNum = 200;
    RunNum = 0;
```

```
    INITINFO = 200;

    Q = 2000;

}

void posToDistance( double pos[ ][ 2 ] )

{

    for( int i = 0; i < NodeNum; i ++ )

        for( int j = 0; j < NodeNum; j ++ )

        {

            d[ i ][ j ] = sqrt( ( pos[ i ][ 0 ] − pos[ j ][ 0 ] ) * ( pos[ i ][ 0 ] −

            pos[ j ][ 0 ] ) + ( pos[ i ][ 1 ] − pos[ j ][ 1 ] ) * ( pos[ i ][ 1 ] −

            pos[ j ][ 1 ] ) );

        }

}

void getMinRoute( int * CurrentRoute )

{

  for( int i = 0; i < NodeNum; i ++ )

        MinRoute[ i ] = CurrentRoute[ i ];

}

double getPossiblity( int i, int j, int k, int cNode )

{

    if( i = = j ) return 0;

    else {

        if( inTab( j, k, cNode ) = = true )

            return 0;

    }

    return Pow( t[ i ][ j ], a ) * Pow( n[ i ][ j ], b )/sumPossiblity( i, k,

    cNode );

}

bool inTab( int s, int k, int cNode )

{
```

```
            for( int m = 0; m < cNode; m ++ )
                if( s = = tab[ k ][ m ] )
                    return true;
                return false;
    }
    double sumPossiblity( int i, int k, int cNode)
    {
            double sum = 0;
            for( int s = 0; s < NodeNum; s ++ )
            {
                    if( i == s)  continue;
                    if( inTab( s, k, cNode) == true)  continue;
                    sum + = Pow( t[ i ][ s ], a) * Pow( n[ i ][ s ], b);
            }
            return sum;
    }
    void updateInfomation( )
    {
            for( int k = 0; k < AntNum; k ++ )
            {
                    double sum = sumDistance( k);
                    if( sum < MinSum)
                    {
                            MinSum = sum;
                            getMinRoute( tab[ k ]);
                    }
                    for( int i = 0; i < NodeNum; i ++ )
                        for( int j = 0; j < NodeNum; j ++ )
                        {
                                if( i == j)  continue;
```

```
                t[i][j] = t[i][j] * p;
            }
    for(i = 0;i < NodeNum;i ++ )
        t[tab[k][i]][tab[k][(i + 1)%NodeNum]] + = Q/sum;
    }
}

double sumDistance(int k)
{
    double sum = 0;
    for(int i = 0;i < NodeNum;i ++ )
        sum + = d[tab[k][i]][tab[k][(i + 1)%NodeNum]];
    return sum;
}

void start( )
{


    init( );
    run( );
    print( );
}

void run( )
{
    while(RunNum < MaxRunNum)
    {
        initNode( );
        //起点城市
        moveNext( );
        updateInfomation( );
        RunNum ++ ;
    }
```

```
        }
    void init( )
        {
            for( int i = 0; i < NodeNum; i ++ )
                for( int j = 0; j < NodeNum; j ++ )
                    {
                        if( i == j )
                            n[ i ][ i ] = 0;
                        else
                            n[ i ][ j ] = 1/d[ i ][ j ];
                    }
            for( i = 0; i < NodeNum; i ++ )
                for( int j = 0; j < NodeNum; j ++ )
                    t[ i ][ j ] = INITINFO;
        }
    void initNode( )
        {
            for( int k = 0; k < AntNum; k ++ )
                {
                    int Node = int( ( ( double) rand( )/RAND_MAX) * NodeNum);
                    if( Node == NodeNum)
                        Node = NodeNum - 1;
                    tab[ k ][ 0 ] = Node;
                }
        }
    int randInt( int max)
        {
            int node = int( ( max) * ( double) rand( )/RAND_MAX);
            if( node == max)
                node = max - 1;
```

```
        return node;
    }
int greedy(int k, int start = 0)
{

    if(start == 0)
    {

        tab[k][0] = randInt(NodeNum);

    }
    int i = start;
        double Distance = MaxInt;
        int DIndex = 0;
        for(int j = 0; j < NodeNum; j ++)
        {

        bool have = false;
        for(int m = 0; m < i; m ++)
        {

        if(tab[k][m] == j)
            {

                have = true;
                break;

            }

        }
        if(have) continue;
        if(d[i - 1][j] < Distance)
            {

                Distance = d[i - 1][j];
                DIndex = j;

            }

        }
    return DIndex;
```

```
            }
    void print( )
    {
        cout << "最优路径(城市号):" << endl;
        for( int i = 0 ; i < NodeNum ; i ++ )
        {
            cout << MinRoute[ i ] << " \t" ;
        }
        cout << endl ;
        cout << "最短距离:" << MinSum << endl ;
    }
    int getNextNode( int last , double possiblity , int k , int cNode )
    {
        int i = 0 ;
        while( i < NodeNum )
        {
            double GetPossiblity = getPossiblity( last , i , k , cNode ) ;
            if( last == i )
            { i ++ ; continue ; }
            if( GetPossiblity == 0 )
            { i ++ ; continue ; }
          if( possiblity < = GetPossiblity )
                return i ;
          else
                possiblity = possiblity - GetPossiblity ;
          i ++ ;
        }
        return greedy( k , cNode ) ;
    }
    void moveNext( )
```

```
{
    for( int k = 0 ; k < AntNum ; k ++ )
    for( int i = 1 ; i < NodeNum ; i ++ )
    {

        tab[ k ] [ i ] = getNextNode ( tab [ k ] [ i − 1 ] , ( double ) rand ( )/
        RAND_MAX , k , i ) ;

    }

}

double  ∗ ∗ get2DMemory( double  ∗ ∗ p , int n )
{

    p = new double ∗ [ n ] ;
    for( int i = 0 ; i < n ; i ++ )
    {

        p[ i ] = new double[ n ] ;

    }

    return p ;

}

int  ∗ ∗ get2DMemory( int  ∗ ∗ p , int m , int n )
{

    p = new int ∗ [ m ] ;
    for( int i = 0 ; i < m ; i ++ )
    {

        p[ i ] = new int[ n ] ;

    }

    return p ;

}

double Pow( double a , int n )
{

    double m = 1 ;
    for( int i = 0 ; i < n ; i ++ )
```

```
        m = m * a;

    return m;

}

void delete2DMemory( int * * a)

{

    for( int i = 0;i < AntNum;i ++ )

        delete a[ i];

    delete a;

}

void delete2DMemory( double * * a)

{

    for( int i = 0;i < NodeNum;i ++ )

        delete a[ i];

    delete a;

}

~ Ant( )

{

    delete2DMemory( tab);

    delete2DMemory( d);

    delete2DMemory( n);

    delete2DMemory( t);

    delete2DMemory( P);

    delete MinRoute;

}

};

void main( )

{

    double position[ 31][ 2] = {

        {1304,        2312},{3639,        1315},

        {4177,        2244},{3712,        1399},
```

```
        {3488,          1535},{3326,          1556},
        {3238,          1229},{4196,          1004},
        {4312,           790},{4386,           570},
        {3007,          1970},{2562,          1756},
        {2788,          1491},{2381,          1676},
        {1332,           695},{3715,          1678},
        {3918,          2179},{4061,          2370},
        {3780,          2212},{3676,          2578},
        {4029,          2838},{4263,          2931},
        {3429,          1908},{3507,          2367},
        {3394,          2643},{3439,          3201},
        {2935,          3240},{3140,          3550},
        {2545,          2357},{2778,          2826},
        {2370,          2975}
    };
    Ant ant(31,position);
    ant.start();
}
```

【实验报告】

（1）对于程序编码均具有清晰的理解和认识。

（2）结合程序说明蚁群算法的原理。

（3）归纳与总结蚁群算法实验的步骤。

（4）以此案例为基础,可以将蚁群算法灵活应用于其他实践活动中。

实验 8.2　遗传算法应用实验

【实验目的和要求】

理解遗传算法的本质与基本原理,学会用遗传算法解决旅行商问题,并与实验 8.1 中的蚁群算法进行对比。

【实验内容】

遗传算法类似于自然进化,通过作用于染色体上的基因寻找好的染色体来求解问题。与自然界相似,遗传算法对求解问题的本身一无所知,它所需要的仅是对算法所产生的每个染色体进行评价,并基于适应值来选择染色体,使适应性好的染色体有更多繁殖机会。在遗传算法中,通过随机方式产生若干个所求解问题的数字编码,即染色体,形成初始群体;通过适应度函数给每个个体一个数值评价,淘汰低适应度的个体,选择高适应度的个体参加遗传操作,经过遗传操作后的个体集合形成下一代新的种群。对这个新种群进行下一轮进化。这就是遗传算法的基本原理。

因此,应通过实验让学生了解遗传算法的基本原理及在求解旅行商问题中的应用。

【实验仪器及器材】

计算机。

【实验步骤及方法指导】

在 Visual Studio 2013 中应用 C++ 语言实现该算法:

```cpp
#include < iostream >
#include < math. h >
#include < time. h >
using namespace std;
```

```cpp
const int MaxInt = ~(unsigned int)0 / 2;
class GA
{
private:
    int NodeNum;//节点个数
    int CNum;//染色体个数
    double MaxSum;//最短路径长度
    int * MaxRoute;//最优路径
    int MaxRunNum;//最大运行次数
    int RunNum;//运行次数
    static double * * d;//表示路径(i,j)之间的长度
    int * * tab;//所有染色体存放的路径表
    double * AF;
    double totalFitness;//总的适应度
    double Pm;//变异概率
    double Pc;//交叉概率
public:
    GA(int Num,double position[ ][2]):NodeNum(Num)
    {
        srand(time(NULL));
        totalFitness = 0;
        CNum = 1000;
        d = get2DMemory(d,NodeNum);
        tab = get2DMemory(tab,CNum,NodeNum);
        posToDistance(position);
        MaxRunNum = 200;
        RunNum = 0;
        Pm = 0.2;
        Pc = 0.6;
        MaxSum = 0;
```

```
        MaxRoute = new int[NodeNum];
        AF = new double[CNum];
    }
void select()
{
        int * * temp;int leave = 0;
        temp = get2DMemory(temp,CNum,NodeNum);
        //采取精英策略
        for(int i = 0;i < CNum/4;i ++)
            copyArray(MaxRoute,temp[i]);
        for(i = CNum/4;i < CNum;i ++)
        {
            double possiblity = ((double)rand())/RAND_MAX;
            leave = leaveWhich(possiblity);
            copyArray(tab[leave],temp[i]);
        }
        delete2DMemory(tab);
        tab = temp;
}
void delete2DMemory(int * * a)
{
        for(int i = 0;i < CNum;i ++)
            delete a[i];
        delete a;
}
 void delete2DMemory(double * * a)
{
        for(int i = 0;i < NodeNum;i ++)
            delete a[i];
        delete a;
```

```cpp
}
void copyArray(int *a,int *b)
{
    for(int i=0;i<NodeNum;i++)
        b[i]=a[i];
}
void cross()
{
    //交叉操作
    for(int k=0;k<CNum-1;k++)
    {
        double rate=(double)rand()/RAND_MAX;
        if(rate<8*Pm/9)
        {
            int begin=randInt(NodeNum);

            //取 point 和 point.next 进行交叉,形成新的两个染色体
            for(int i=begin;i<NodeNum;i++)
            {
                int fir,sec;
                for(fir=0;tab[k][fir]!=tab[k+1][i];fir++);
                for(sec=0;tab[k+1][sec]!=tab[k][i];sec++);
                //两个基因互换
                exchange(tab[k][i],tab[k+1][i]);
                //消去互换后重复的那个基因
                tab[k][fir]=tab[k+1][i];
                tab[k+1][sec]=tab[k][i];
            }
        }
        else if(rate<Pm)
```

```
                        {
                            if( k > 0 )  reverse( k - 1 );
                            int node = randInt( NodeNum );
                            greedy( k , node );
                    }//选择交叉节点,将结点后面的部分用贪婪算法处理

                    }

        }

    int leaveWhich( double possiblity )

        {

            int i = 0;
            while( i < CNum )

                {

                    if( possiblity < = getPossiblity( i ) )

                        return i;

                    else

                        possiblity = possiblity - getPossiblity( i );

                    i ++;

                }

            return CNum - 1;

        }

    void calFitness( )

        {

            for( int k = 0; k < CNum; k ++ )

                {

                double A = adjustFunc( k );
                AF[ k ] = A;
                if( A > MaxSum )

                    {

                    MaxSum = A;
```

```
            getMaxRoute( tab[ k ] ) ;
        }
    }
    totalFitness = sumPossiblity( ) ;
}
double getPossiblity( int k )
{
    return AF[ k ]/totalFitness ;
}
void getMaxRoute( int  * CurrentRoute )
{
  for( int i = 0 ; i < NodeNum ; i ++ )
      MaxRoute[ i ] = CurrentRoute[ i ] ;
}
double sumPossiblity( )
{
    double sum = 0 ;
    for( int k = 0 ; k < CNum ; k ++ )
    {
        sum = sum + AF[ k ] ;
    }
    return sum ;
}
  double adjustFunc( int k )
{
    return 1. 0/sumDistance( k ) ;
}
double sumDistance( int k )
{
    double sum = 0 ;
```

```
        for( int i = 0; i < NodeNum; i ++ )
            sum + = d[ tab[ k ][ i ] ][ tab[ k ][ ( i + 1 ) % NodeNum ] ];
        return sum;
    }
    double sumDistance( )
    {
        double sum = 0;
        for( int i = 0; i < NodeNum; i ++ )
            sum + = d[ MaxRoute[ i ] ][ MaxRoute[ ( i + 1 ) % NodeNum ] ];
        return sum;
    }
    void print( )
    {
        cout << "最优路径( 城市号) :" << endl;
        for( int i = 0; i < NodeNum; i ++ )
        {
            cout << MaxRoute[ i ] << " \t";
        }
        cout << endl;
        cout << "最短距离:" << sumDistance( ) << endl;
    }
    void start( )
    {
        initNodeNum( );//起点城市
        run( );
        print( );
    }
    void run( )
    {
        while( RunNum < MaxRunNum )
```

```
    {
        calFitness( ) ;
        select( ) ;
        cross( ) ;
        mutation( ) ;
        RunNum ++ ;
    }
}

void mutation( )
{
    for( int i = 0 ; i < CNum ; i ++ )
    {
        if( ( double) rand( )/RAND_MAX > Pm) continue ;
        else
        {//进行交换变异
            if( ( double) rand( )/RAND_MAX > 0.5)
            {
                int start = randInt( NodeNum) ;
                int end = randInt( NodeNum) ;
                if( start > = end)
                    exchange( start , end) ;
                exchange( tab[ i] [ start] , tab[ i] [ end] ) ;
            }
            else
            {//进行部分反转变异
                int start = randInt( NodeNum + 1) ;
                int end = randInt( NodeNum + 1) ;
                if( start > = end)
                    exchange( start , end) ;
                reverse( i , start , end) ;
```

```
                    }
                }
            }
        }
    int randInt( int max)
    {
        int node = int( ( max) * ( double) rand( )/RAND_MAX) ;
        if( node = = max)
            node = max - 1 ;
        return node ;
    }
    void reverse( int k , int start = 0 , int end = - 1 )
    {
        if( end = = - 1 )  end = NodeNum ;
        if( start < 0 || end < 0)  return ;
        if( start > = end)  return ;
        int  * temp = new int[ NodeNum ] ;
        for( int i = 0 ; i < NodeNum ; i + + )
        {
            temp[ i] = tab[ k][ i] ;
        }
        for( i = start ; i < end ; i + + )
        {
            tab[ k][ i] = temp[ end + start - 1 - i] ;
        }
        delete temp ;
    }
    void exchange( int &a , int &b)
    {
        int temp = a ;
```

```
        a = b;
        b = temp;
    }
void initNodeNum( )
    {
        for( int k = 0;k < CNum;k ++ )
            {
                    int i,j;
                    for( i = 0;i < NodeNum;i ++ )
                        {
                            int city = randInt( NodeNum );
                            //检查有没有 city
                            bool exist = false;
                            for( j = 0;j < i;j ++ )
                                {
                                    //已存在
                                    if( tab[ k ][ j ] == city)
                                        {
                                            i - -;//停住,再次随机
                                            exist = true;
                                            break;
                                        }
                                }
                            if( exist ! = true)
                                tab[ k ][ i ] = city;
                        }
                }
    }//初始化节点,随机初始化
void greedy( int k,int start = 0)
    {
```

```cpp
        if( start == 0 )
        {
            tab[ k ][ 0 ] = randInt( NodeNum ) ;
        }
        for( int i = start + 1 ; i < NodeNum ; i ++ )
        {
            double Distance = MaxInt ;
            int DIndex = 0 ;
            for( int j = 0 ; j < NodeNum ; j ++ )
            {
                bool have = false ;
                for( int m = 0 ; m < i ; m ++ )
                {
                    if( tab[ k ][ m ] == j )
                    {
                        have = true ;
                        break ;
                    }
                }
                if( have ) continue ;
                if( d[ i - 1 ][ j ] < Distance )
                {
                    Distance = d[ i - 1 ][ j ] ;
                    DIndex = j ;
                }
            }
            tab[ k ][ i ] = DIndex ;
        }
    }
    double * * get2DMemory( double * * p , int n )
```

```
{
    p = new double * [n];
    for(int i = 0;i < n;i ++)
    {
        p[i] = new double[n];
    }
    return p;
}
int * * get2DMemory(int * * p,int m,int n)
{
    p = new int * [m];
    for(int i = 0;i < m;i ++)
    {
        p[i] = new int[n];
    }
    return p;
}
void posToDistance(double pos[ ][2])
{
    for(int i = 0;i < NodeNum;i ++)
        for(int j = 0;j < NodeNum;j ++)
        {
            d[i][j] = sqrt((( pos[i][0] - pos[j][0]) * ( pos[i][0] -
            pos[j][0]) + ( pos[i][1] - pos[j][1]) * ( pos[i][1] -
            pos[j][1])));
        }
}
~ GA( )
{
    delete2DMemory(tab);
```

```
        delete2DMemory(d);
      delete MaxRoute;
      delete AF;
    }
};
double * * GA∶∶d = NULL;
void main()
{
    double position[31][2] = {
        {1304,        2312},{3639,        1315},
        {4177,        2244},{3712,        1399},
        {3488,        1535},{3326,        1556},
        {3238,        1229},{4196,        1004},
        {4312,         790},{4386,         570},
        {3007,        1970},{2562,        1756},
        {2788,        1491},{2381,        1676},
        {1332,         695},{3715,        1678},
        {3918,        2179},{4061,        2370},
        {3780,        2212},{3676,        2578},
        {4029,        2838},{4263,        2931},
        {3429,        1908},{3507,        2367},
        {3394,        2643},{3439,        3201},
        {2935,        3240},{3140,        3550},
        {2545,        2357},{2778,        2826},
        {2370,        2975}
    };
    GA ga(31,position);
    ga. start();
}
```

进而得到种群数量为 1000、迭代次数为 200、变异概率为 0.2、交叉概率为

0.6 的结果。

【实验报告】

（1）对于程序编码均具有清晰的理解和认识。

（2）结合程序实现说明遗传算法的原理。

（3）归纳与总结遗传算法实验的步骤。

（4）以此案例为基础，可以将遗传算法灵活应用于其他实践活动中。

实验 8.3　决策树方法应用实验

【实验目的和要求】

理解决策树方法的本质，会编写决策树算法来处理一个决策问题。假如有一个网球爱好者，天气状况（天气、温度、湿度、风力）是决定他是否去打球的重要因素，利用 ID3 算法构筑决策树。

决策树是一种用来表示人们为了做出某个决策而进行的一系列判断过程的树形图。决策树方法的基本思想是：利用训练集数据自动地构造决策树，然后根据这个决策树对任意实例进行判定。决策树算法是一种逼近离散函数值的方法。它是一种典型的分类方法，首先对数据进行处理，利用归纳算法生成可读的规则和决策树，然后使用决策对新数据进行分析。本质上决策树是通过一系列规则对数据进行分类的过程。

【实验内容】

决策树算法构造决策树来发现数据中蕴涵的分类规则。如何构造精度高、规模小的决策树是决策树算法的核心内容。决策树构造可以分两步进行。第一步，决策树的生成：由训练样本集生成决策树的过程。一般情况下，训练样本数据集是根据实际需要有历史的、有一定综合程度的，用于数据分析处理的数据集。第二步，决策树的剪枝：决策树的剪枝是对上一阶段生成的决策树进行检验、校正和修下的过程，主要是用新的样本数扼集（称为测试数据集）中的数据校验决策树生成过程中产生的初步规则,将那些影响预衡准确性的分枝剪除。

决策树一般都是自上而下的生成。

选择分割的方法有多种,但其目的都是一致的,即对目标类尝试进行最佳的分割。

从根节点到叶子节点都有一条路径,这条路径就是一条"规则"。

决策树可以是二叉的,也可以是多叉的。

对每个节点的衡量:

(1) 通过该节点的记录数;

(2) 如果是叶子节点的话,分类的路径;

(3) 对叶子节点正确分类的比例。

有些规则的效果可以比其他的一些规则要好。因此,应通过实验让学生了解决策树算法的基本原理及在决策问题中的应用。

【实验仪器及器材】

计算机。

【实验步骤及方法指导】

ID3 算法是一个众所周知的决策树算法,该算法是澳大利亚悉尼大学的 Ross Quinlan 于 1986 年提出的,也是国际上最早、最有影响力的决策树算法,其他的许多算法如 C4.5 和 CART 算法等都是在 ID3 算法基础上改进的。

在 ID3 算法中,决策节点属性的选择运用了信息论中的熵概念作为启发式函数。

在这种属性选择方法中,选择具有最大信息增益(information gain)的属性作为当前划分节点。通过这种方式选择的节点属性可以保证决策树具有最小的分枝数量,使得到的决策树冗余最小。

公式 1:设数据划分 D 为类标记的元组的训练集。假定类标号属性具有 M 个不同值,定义 m 个不同的类 $C_i(I=1,2,\cdots,m)$,C_i,D 是 C_i 类的元组的集合。和分别表示 D 和 C_i,D 中元组的个数。对 D 中的元组分类所需的期望信息由下式给出:

$$\text{Info}(D) = -\sum_{i=1}^{m} p_i \log_2(p_i)$$

公式 2:假设属性 A 具有 v 个不同的离散属性值,可使用属性 A 把数据集 D 划分成 v 个子集 $\{D_1, D_2, \cdots D_v\}$。设子集 D_j 中全部的记录数在 A 上具有相同的值 a_j。基于按 A 划分对 D 的元组分类所需要的期望信息由下式给出:

$$\mathrm{Info}_A(D) = -\sum_{j=1}^{v} \left| \frac{D_j}{D} \right| \times \mathrm{Info}(D_j)$$

公式 3:信息增益定义为原来的信息需求(基于类比例)与新的信息需求(对 A 划分之后得到的)之间的差,即

$$\mathrm{Gain}(A) = \mathrm{Info}(D) - \mathrm{Info}_A(D)$$

ID3 算法大概的流程就是在属性集 A 中寻找信息增益值最大的属性,作为根节点,按照根节点属性的取值将样本集合分成几个子集,将此属性从属性集中去掉,在每个子集中选择信息增益值最大的属性,作为当前子集的根节点,上层集合的根节点的子节点,如此循环递归,如果得到的子集中所有的样本属于一个类别,则递归停止。

ID3 算法对数据的要求:

① 所有属性必须为离散量;

② 所有的训练例的所有属性必须有一个明确的值;

③ 相同的因素必须得到相同的结论且训练例必须唯一。

实例:假如有一个网球爱好者,天气状况(天气、温度、湿度、风力)是决定他是否去打球的重要因素(见图 8.1),利用 ID3 算法构筑决策树。

	A	B	C	D	E	F
1	NO.	天气	温度	湿度	风力	Play
2	1	晴朗	高	高	弱	No
3	2	晴朗	高	高	强	No
4	3	多云	高	高	弱	Yes
5	4	雨天	适中	高	弱	Yes
6	5	雨天	冷	正常	弱	Yes
7	6	雨天	冷	正常	强	No
8	7	多云	冷	正常	强	Yes
9	8	晴朗	适中	高	弱	No
10	9	晴朗	冷	正常	弱	Yes
11	10	雨天	适中	正常	弱	Yes
12	11	晴朗	适中	正常	强	Yes
13	12	多云	适中	高	强	Yes
14	13	多云	高	正常	弱	Yes
15	14	雨天	适中	高	强	No

图 8.1　是否去打球的重要因素

以往部分打球数据库类标记的训练元组统计见表 8.1。

表 8.1　以往部分打球数据库类标记的训练元组统计

打球	天气			温度			湿度		风力	
	晴朗	多云	雨天	高温	温和	凉爽	高	正常	弱	强
是(9)	2	4	3	2	4	3	3	6	6	3
否(5)	3	0	2	2	2	1	4	1	2	3

类标号打球有两个取值(即{是,否}),因此有两个不同的类,即 $m=2$,设 C_1 类对应与是,C_2 类对应于否。C_1 有 9 个元组,C_2 有 5 个元组。根据公式 1 可以计算 D 中元组分类所需的期望信息:

$$\text{Info}(D) = -\frac{9}{14}\log_2\frac{9}{14} - \frac{5}{14}\log_2\frac{5}{14} = 0.940 \text{ 位}$$

如果根据天气属性划分,根据公式 2 则对 D 的元组进行分类所需的期望信息为:

$$\text{Info}_{\text{天气}}(D) = \frac{5}{14}*\left(-\frac{2}{5}\log_2\frac{2}{5} - \frac{3}{5}\log_2\frac{3}{5}\right) + \frac{4}{14}*\left(-\frac{4}{4}\log_2\frac{4}{4}\right) +$$

$$\frac{5}{14}*\left(-\frac{3}{5}\log_2\frac{3}{5} - \frac{2}{5}\log_2\frac{2}{5}\right) = 0.694 \text{ 位}$$

根据公式 3 这种划分的信息增益是:

$\text{Gain}(\text{天气}) = \text{info}(D) - \text{info}_{\text{天气}}(D) = 0.940 - 0.694 = 0.246 \text{ 位}$

类似地,可以计算:

$\text{Gain}(\text{温度}) = 0.029$

$\text{Gain}(\text{湿度}) = 0.151$

$\text{Gain}(\text{风力}) = 0.048$

由于天气在属性中具有最高信息增益,它被选作测试属性。创建一个节点,用天气标记,并根据每个属性值,引出一个分枝。注意,落在分区天气 = "多云"的样本都属于同一类,根据算法,要在该分支的端点创建一个树叶,并用"是"标记。同理,在"晴朗"和"雨天"这两个分支上,分别对"温度""湿度""风力"属性计算其信息增益,分别选取下一个测试属性。

依算法全部计算后返回的最终决策树如图 8.2 所示。

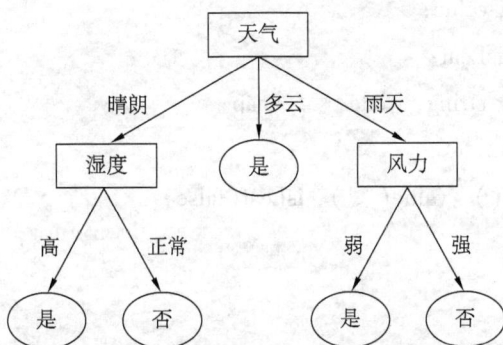

图 8.2　最终决策树

在 Visual Studio 2013 中 C++语言 ID3 算法实现决策树：

```cpp
#include < iostream >
#include < list >
#include < cstring >
#include < string >
#include < vector >
#include < map >
#include < sstream >
#include < iomanip >
#include < cmath >
#include < fstream >
#include < algorithm >
#include < set >
#include < queue >
using namespace std;

class ID3
{
    class Node
    {
    public：
```

```
            string value;

            bool isLeaf;

            map < string, Node * > map;
        public:
            Node( ) :value( " " ), isLeaf( false )
            {

            }

        };

    private:
        vector < string > attribute;
        //vector < vector < string >> attributevalue;
        vector < vector < string >> data;
        int decatt;
        Node * root;


    public:
        ID3( )
        {

            // 从文件中加载数据
            ifstream fin( "C:\\Users\\Administrator\\Desktop\\playData. txt" );
            string line, str;
            getline( fin, line );      //read a line from the input" fin" to "line"
            istringstream istring( line );// bind to "istring" to the "line" we read
            while ( ! istring. eof( ) )
            {
                istring >> str;                //read a word from line
                attribute. push_back( str );
            }
            while ( ! fin. eof( ) )
            {
```

```
            getline(fin, line);
            vector < string > vecStr;
            istringstream istring(line);
            while ( ! istring. eof( ) )
            {
                    istring >> str;
                    vecStr. push_back(str);
            }
            data. push_back(vecStr);
        }
        fin. close( );



    }
    void run( )
    {
        setDec(4);
        vector < int > subSet;
        for (int i = 0; i < data. size( ); i ++ )
        {
            subSet. push_back(i);
        }
        vector < int > candidateAtt;
        for (int i = 0; i < attribute. size( ); i ++ )
        {
            if (i ! = decatt)
            {
                    candidateAtt. push_back(i);
            }
```

```
    }
    Node * tree = buildDT(subSet, candidateAtt);
    // 输出树结构
    root = tree;
    vector < string > s;
    printTreeDepth(root, s);
}
void setDec(int n)
{
    if (n < 0 || n > = attribute.size())
    {
        cout << "指定决策树变量错误!" << endl;
        exit(0);
    }
    decatt = n;
}
double getEntropy(vector < int > subSet)// 获得子集信息熵
{
    double entropy = 0;
    double p, n;
    p = n = 0;
    vector < string > vec;
    for (int i = 0; i < subSet.size(); i++)
    {
        if (data[subSet[i]][decatt] == "yes")
            p++;
        else
            n++;
    }
    // 判断属于同一类,熵为零的情况
```

```
        if (0 == p || 0 == n)
            return 0;
        double pR = p / (p + n), nR = n / (p + n);
        entropy = -pR * (log(pR)/log(2.0)) - nR * (log(nR)/log(2.0));
        return entropy;
}
bool isPure(vector < int > subset)
{
        string value = data[subset[0]][decatt];
        for (int i = 1; i < subset.size(); i++)
        {
            if (data[subset[i]][decatt] ! = value)
            {
                return false;
            }
        }
        return true;
}
double gain(vector < int > subset, int index)
                                        // 返回以 index 为节点的信息增益
{
        // 统计正例个数和范例个数
        double entropy = getEntropy(subset);
        double sum = 0;
        // 求可能的所有属性值
        map < string, vector < int >> mapSub;

        for (int i = 0; i < subset.size(); i++)
        {
            mapSub[data[subset[i]][index]].push_back(subset[i]);
```

```
        }

    for (map < string, vector < int >> ::iterator iter = mapSub. begin();
        iter ! = mapSub. end(); ++iter)
        {
            double tt = (iter -> second. size() / (double) subset. size())
            * getEntropy(iter -> second);
            //cout << iter -> first << " :" << tt << endl;
            sum += tt;
        }
    return entropy - sum;
}
// suSet:子集;value:属性值;attribute：候选属性;tree：根节点指针的
// 指针
Node * buildDT(vector < int > subSet, vector < int > attr)
{
    Node * p = new Node();
    if (isPure(subSet))
    {
        p -> isLeaf = true;
        p -> value = data[subSet[0]][decatt];
        / * if( * tree! = NULL)
        {
            ( * tree) -> map[value] = p;

        }
        else
        {
            ( * tree) = p;
        } */

        return p;
```

```
        }

if ( attr. size( )  == 0 )

{

        int y, n;

        y = n = 0;

        for ( int i  = 0; i < subSet. size( ) ; i ++ )

        {

                if ( data[ subSet[ i ] ] [ decatt ]  == " yes" )

                {

                        y ++ ;

                }

                else

                        n ++ ;

        }

        if ( y > = n )

        {

                p -> isLeaf  = true;

                p -> value  = " yes" ;

        }

        else

        {

                p -> isLeaf  = true;

                p -> value  = " no" ;

        }


        return p;

}


// 选择一个最优的属性

int best  = 0;
```

```
        double dmax = 0;
        int bestIndex = 0;
        for ( int i = 0; i < attr. size( ); i ++ )
        {
            double dd = gain( subSet, attr[ i ] );
            if ( dd > dmax )
            {
                dmax = dd;
                best = attr[ i ];
                bestIndex = i;
            }
        }


        // 获得这个属性的所有属性值和其所对应的子集
        map < string, vector < int >> mapAttValue;
        for ( int i = 0; i < subSet. size( ); i ++ )
        {
            mapAttValue[ data[ subSet[ i ] ][ best ] ]. push_back( subSet[ i ] );
        }
        attr. erase( attr. begin( ) + bestIndex ); //
        p -> value = this -> attribute[ best ];
        for( map < string, vector < int >> ::iterator iter = mapAttValue. begin( );
            iter ! = mapAttValue. end( ); ++ iter)
        {
            p -> map[ iter -> first ] = buildDT( iter -> second, attr );
        }
        // 遍历每个属性值被选择后的子集,递归的创建树
        return p;
    }

private:
```

```cpp
    void space(int n)
    {
        for (int i = 0; i < n; i++)
            cout << " ";
    }

public:
    // 输出从根节点到叶子节点的所有路径
    void printTree()
    {
        Node * t = root;
        queue < Node * > que;
        que.push(t);
        Node * q = t, * p;
        while (! que.empty())
        {
            p = que.front();
            que.pop();
            cout << setw(10) << p -> value;
            bool flag = false;
            if (p == q)
            {
                cout << endl;
                flag = true;
            }
            for (map < string, Node * >::iterator iter = p -> map.begin();
                iter ! = p -> map.end(); ++iter)
            {
                que.push(iter -> second);
                if (flag)
                {
```

```
                        map < string, Node * > : : iterator iter1 = iter;
                        iter1 ++ ;
                        if ( iter1 == p -> map. end ( ) )
                        {
                            q = iter -> second;
                            flag = false;
                        }


                }


            }

        }

    }

void printTreeDepth ( Node * t, vector < string > vec )
{

    if ( t -> isLeaf )
    {
        for ( int i = 0 ; i < vec. size ( ) ; i + = 2 )
        {
            if ( i ! = 0 )
                cout << " ->";
            cout << vec [ i ] << ":" << vec [ i + 1 ];
        }
        cout << " ->" << t -> value;
        cout << endl;
        cout << endl;
    }
    else
    {

        vec. push_back ( t -> value ) ;
```

```
        for (map < string, Node * > :: iterator iter = t -> map. begin ( ) ;
        iter ! = t -> map. end ( ) ;  ++ iter)
            {
            vec. push_back ( iter -> first ) ;
            printTreeDepth ( iter -> second, vec ) ;
            vec. pop_back ( ) ;
            }


        }
    }
} ;
int main ( )
{


    ID3 id3 ;
    id3. run ( ) ;



    return 0 ;
}
```

playData. txt 中训练数据：

outlook	temperature	humidity	windy	play
sunny	hot	high	FALSE	no
sunny	hot	high	TRUE	no
overcast	hot	high	FALSE	yes
rainy	mild	high	FALSE	yes
rainy	cool	normal	FALSE	yes
rainy	cool	normal	TRUE	no
overcast	cool	normal	TRUE	yes
sunny	mild	high	FALSE	no

sunny	cool	normal	FALSE	yes
rainy	mild	normal	FALSE	yes
sunny	mild	normal	TRUE	yes
overcast	mild	high	TRUE	yes
overcast	hot	normal	FALSE	yes
rainy	mild	high	TRUE	no

【实验报告】

（1）对于程序编码应具有清晰的理解和认识。

（2）结合程序实现说明决策树算法的原理。

（3）归纳与总结决策树算法实验的步骤。

（4）以此案例为基础，可以将决策树算法灵活应用于其他实践活动中。

第9章 ERP原理与实施

实验9.1 系统设置

【实验目的】

(1) 掌握网商ERP管理系统中有关系统管理和基础设置的相关内容;

(2) 理解系统管理在整个系统中的作用及基础设置的重要性。

【实验内容】

(1) 人事管理;(2) 权限设置;(3) 基本编码;(4) 产品设置;(5) 商业伙伴;(6) 打印设置;(7) 用户设置;(8) 报警设置;(9) 安全库存管理。

【实验步骤】

(1) 人事管理

1) 岗位编码设置

单击菜单项:"系统设置"→"人事设置"→"岗位编码设置"。

操作如下:

 查找 :标准的查找功能,打开系统标准的查找窗口。

 新增 :在当前窗口中新增一条岗位编码记录,并使窗口的编辑区处于可编辑状态。

 修改 :对所选择的岗位编码记录进行修改,并使窗口的编辑区处于可编辑状态。

 删除 :删除所选择的岗位编码记录,系统通常会进行删除确认。

2）建立组织机构

单击菜单项："系统设置"→"人事设置"→"建立组织结构"。

① 新增部门。在需要新增部门的节点上单击工具条上的"新增部门"按钮，打开新增部门窗口。输入合法的编码和名称后，单击"确定"，完成"新增部门"的操作。

② 新增岗位。在需要新增岗位的部门上单击工具条上的"新增岗位"按钮，打开新增岗位窗口。

③ 修改、删除部门信息。如果用户需要对部门名称、部门类别等信息进行修改或删除，可以通过系统提供的修改、删除功能完成。系统不允许修改编码信息，原则上已经使用过的编码也不能被删除。

3）建立员工信息

单击菜单项："系统设置"→"人事设置"→"建立员工信息"。

基本操作如下：

① 新增员工信息。选中该员工所属岗位的节点，单击"新增"按钮，在员工信息界面录入该员工的相关信息，录入完毕后单击"确定"按钮，员工信息添加完毕。

② 修改员工信息。选中该员工所在岗位的节点，单击"修改"按钮，在修改界面修改该员工的相关信息。系统对人员编码进行了保护，人员编码是不允许修改的，系统会显示出该员工已经输入的员工基本信息，用户可以直接进行修改。

③ 辞职。选中该员工所在岗位的节点，单击"辞职"按钮，则该员工从员工基本信息中移去，但该员工的信息并没有从系统中删除。

④ 调动。选中该员工所在岗位的节点，单击"调度"按钮，在员工调动界面选择该员工的目标岗位，点击"确定"按钮，即实现员工不同岗位间的信息调动。

⑤ 兼职。设置员工的兼职操作分为设置兼职和取消兼职两种情况。当员工存在兼职情况时，首先选中该员工所在岗位的节点，单击"兼职"按钮，选择"兼任"菜单，然后在选择岗位界面选择该员工需要兼职的岗位，单击"确定"按钮即可。相反，需要取消兼职时，首先在窗口左边的岗位树型视图上查找到该员工兼职的岗位，然后选择工具条上"兼职"按钮下的"取消兼任"菜单，系统询问是否取消，系统将根据用户选择的情况进行是否取消兼职的操作。

4）辞职员工查询

单击菜单项："系统设置"→"人事设置"→"辞职员工查询"。

5）民族设置

单击菜单项："系统设置"→"基本编码"→"民族设置"。

基本操作如下：

🔍查找：标准的查找功能，打开系统标准的查找窗口。

📋新增：在当前窗口中新增一条记录，并使窗口的编辑区处于可编辑状态。

✏️修改：对所选择的记录进行修改，并使窗口的编辑区处于可编辑状态。

✖️删除：删除所选择的记录，系统通常会进行删除确认。

💾保存：保存当前操作，合法数据将会被保存到数据库中。

↩️取消：放弃当前操作，数据将不会被保存。

6）学历设置

单击菜单项："系统设置"→"基本编码"→"学历设置"。

基本操作如下：

🔍查找：标准的查找功能，打开系统标准的查找窗口。

📋新增：在当前窗口中新增一条记录，并使窗口的编辑区处于可编辑状态。

✏️修改：对所选择的记录进行修改，并使窗口的编辑区处于可编辑状态。

✖️删除：删除所选择的记录，系统通常会进行删除确认。

💾保存：保存当前操作，合法数据将会被保存到数据库中。

↩️取消：放弃当前操作，数据将不会被保存。

（2）权限设置

1）用户口令设置

单击菜单项："系统设置"→"权限设置"→"用户口令设置"。

① 新增用户口令。通过窗口左边的部门树视图，可以快速查找到需要新增的用户，单击"新增"按钮打开新增窗口，在新增窗口中进行口令设置和登录代号设置等操作。完成新增和相关的操作后，单击"确定"按钮即可保存并退出。

② 修改口令。单击"修改"按钮来进行修改用户口令和相关设置。

2）人员功能分配

单击菜单项："系统设置"→"权限设置"→"人员功能分配"。

① 新增:选择需要设置功能的人员,在窗口右边的功能树视图上选择需要增加的功能的上一级菜单项,单击工具条上的"新增"按钮,或者右击鼠标在弹出的快捷菜单中选择"新增",弹出新增功能窗口。根据实际需要在"系统功能选择"窗口中选择所需要新增的功能后单击"确定"按钮即可。

② 删除:根据需要删除具体用户的特定的功能菜单项。当用户点击删除按钮时,系统会进行删除确认。

③ 复制:在窗口左边选择需要分配功能菜单的人员,如"许维南",单击工具条上的"复制"按钮,弹出目标人员选择窗口。选择需要复制的目标人员,如"杨春松",单击"确定"即可。

3)业务对象界面设置

单击菜单项:"系统设置"→"用户设置"→"业务对象界面设置"。

使用"设置"按钮对选择的业务对象中的各字段进行设置;单击"设置"按钮。勾选复选框则使用改字段,反之则为不使用。字段的名称可以在字段标题下修改。

4)业务对象权限设置

单击菜单项:"系统设置"→"权限设置"→"业务对象权限设置"。

(3)基本编码

1)计量单位

单击菜单项:"系统设置"→"基本编码"→"计量单位"。

基本操作如下:

新增:在当前窗口中新增一条记录,并使窗口的编辑区处于可编辑状态。

修改:对所选择的记录进行修改,并使窗口的编辑区处于可编辑状态。

删除:删除所选择的记录,系统通常会进行删除确认。

2)付款方式

单击菜单项:"系统设置"→"基本编码"→"付款方式"。

基本操作如下:

查找:标准的查找功能,打开系统标准的查找窗口。

新增:在当前窗口中新增一条记录,并使窗口的编辑区处于可编辑状态。

修改:对所选择的记录进行修改,并使窗口的编辑区处于可编辑状态。

删除:删除所选择的记录,系统通常会进行删除确认。

3）币种设置

单击菜单项："系统设置"→"基本编码"→"币种设置"。

基本操作如下：

🔍 查找：标准的查找功能，打开系统标准的查找窗口。

🗋 新增：在当前窗口中新增一条记录，并使窗口的编辑区处于可编辑状态。

🎯 修改：对所选择的记录进行修改，并使窗口的编辑区处于可编辑状态。

✕ 删除：删除所选择的记录，系统通常会进行删除确认。

4）运输方式

单击菜单项："系统设置"→"基本编码"→"运输方式"。

基本操作如下：

🔍 查找：标准的查找功能，打开系统标准的查找窗口。

🗋 新增：在当前窗口中新增一条记录，并使窗口的编辑区处于可编辑状态。

🎯 修改：对所选择的记录进行修改，并使窗口的编辑区处于可编辑状态。

✕ 删除：删除所选择的记录，系统通常会进行删除确认。

5）自动编号规则设置

单击菜单项："系统设置"→"基本编码"→"自动编号规则设置"。

如果需要修改编号规则可先在列表中选中需要修改的规则，单击"修改"按钮，在弹出的修改窗口中进行规则的修改，修改好后重新打开功能即可使用。

（4）产品设置

1）产品类别

单击菜单项："系统设置"→"产品设置"→"产品类别"。

用户可以通过新增和修改菜单，快速完成产品类别的新增和修改操作。

2）产品信息设置

单击菜单项："系统设置"→"产品设置"→"产品信息设置"。

① 新增产品。单击工具条上的"新增"按钮，在弹出的产品信息窗口中输入产品信息。

② 修改产品信息。首先选择需要修改的产品信息，单击工具条上的"修改"按钮，在弹出的修改窗口中进行产品信息的修改和设置。

3）质量状态设置

单击菜单项："系统设置"→"产品设置"→"质量状态设置"。

基本操作如下：

⬜ 新增：在当前窗口中新增一条记录，并使窗口的编辑区处于可编辑状态。

⬙ 修改：对所选择的记录进行修改，并使窗口的编辑区处于可编辑状态。

✕ 删除：删除所选择的记录，系统通常会进行删除确认。

4）仓库权限设置

单击菜单项："系统设置"→"权限设置"→"业务对象权限设置"。

在窗口左侧选择"仓库权限"业务对象名称，在窗口右上侧的"数据操作权限"中选择"仓库权限"，单击工具条上的"设置"按钮，打开权限范围选择窗口。

（5）商业伙伴

1）委外加工厂类别

单击菜单项："系统设置"→"其他商业伙伴设置"→"委外加工厂类别"。

① 新增：可以通过该按钮新增委外加工厂类别或者任一类别委外加工厂的子类别。选择节点委外加工厂时，就可以新增委外加工厂的类别。选择类别后可以新增子类别。

② 修改：选中需要修改的委外加工厂类别后，单击"修改"按钮，出现和上图相同的界面，但是编码不可以修改。

③ 删除：选中要删除的类别节点，单击"删除"后即可。

2）委外加工厂信息

单击菜单项："基本设置"→"其他商业伙伴设置"→"委外加工厂信息"。

① 新增：单击"新增"按钮后，在出现的界面中输入信息后单击"保存"即可。

② 修改：选中要修改的记录，单击"修改"按钮后就会出现修改界面，修改界面同新增界面。

③ 删除：选中要删除的记录，单击"删除"按钮即可。

④ 转 Excel：单击该按钮后就会将界面中的信息用 Excel 表格的形式导出。

3）商业伙伴设置

单击菜单项："系统设置"→"其他商业伙伴"→"商业伙伴设置"。

基本操作如下：

① 新增：单击"新增"按钮，填写好编码、名称后选择相应类别单击"确定"按钮即可保存。

② 类别设置：用于修改商业伙伴的类别。

（6）打印设置

1）用户打印模板设置

单击菜单项："系统设置"→"打印设置"→"用户打印模板设置"。

基本操作如下：

① 查找：单击"查找"按钮后，在出现的查找界面中可以按查找项目"功能名称""类型名称"来查找需要的模板。

② 修改：选中左边 DBGrid 中的数据，单击"修改"按钮。在该界面中可以修改打印模板的名称、打印语言及模板文件。如果想要修改模板也可以在该界面中进行修改。

③ 删除：选中要删除的模板，单击"删除"按钮即可。

2）用户打印模板权限设置

单击菜单项：系统设置→打印设置→用户打印模板权限设置。

"查找""新增""修改""删除"按钮的操作方法及弹出界面同用户模板打印设置功能。需要设置权限时，点击"权限设置"按钮后出现界面，在选择了具体的岗位或员工后，单击 》 就增加到权限列表中，反之在权限列表中单击 《 就去除当前选中的权限，单击 《《《 将移除该公司的所有权限。

（7）用户设置

1）系统参数设置

单击菜单项："系统设置"→"用户设置"→"系统参数设置"。

设置时，单击"修改"按钮后出现界面，只需要改动参数值为 T 或 F 即可。

参数设置说明：系统参数设定后，不得随意更改，该处的参数设定应用于整个系统。

注意：设置后需要重新登录系统，以免设置不起作用。

2）项目通用查找设置

单击菜单项："系统设置"→"用户设置"→"项目通用查找设置"。

在"项目通用查找设置"中查找到需要设置的功能名称，使用界面上的"修改"按钮进行设置。

3）项目通用选择快捷查找设置

单击菜单项："系统设置"→"用户设置"→"项目通用选择快捷查找设置"。

在"项目通用选择快捷查找设置"中查找到需要设置的功能名称,使用界面上的"修改"按钮进行设置。

4)项目题头快捷查找设置

单击菜单项:"系统设置"→"用户设置"→"项目通用选择快捷查找设置"。

在"项目通用选择快捷查找设置"中查找到需要设置的功能名称,使用界面上的"修改"按钮进行设置。

(8)报警设置

1)报警参数设置

单击菜单项:"系统设置"→"报警设置"→"报警参数设置"。

选中要设置的参数后单击"修改"按钮,在该界面中通过对"是否有效"复选框进行修改,即可设置报警参数。

2)报警权限设置

单击菜单项:"系统设置"→"报警设置"→"报警权限设置"。

选择需要设置权限的报警项目后,单击工具条上的"设置"按钮,在打开的权限范围中进行权限设置。

3)报警项目设置

单击菜单项:"系统设置"→"报警设置"→"报警项目设置"。

基本操作如下:

① 新增:选中左边树形结构中的节点后,单击"新增"按钮后,在出现的界面中就可以新增一个报警项目。填写完整信息后即可单击"确定"按钮保存。

② 修改:选中右边 DBGrid 中的数据,单击"修改"按钮就会出现类似新增界面,用户可以在出现的修改界面中进行修改。

③ 删除:选中左边或者右边的记录,单击"删除"按钮即可删除。需要注意的是:被系统使用过的记录将无法删除。

(9)安全库存管理

1)安全库存字段设置

用户可通过勾选字段的方法设置安全库存的取数条件。保存之后,在后续"安全库存设置"功能中的字段则按照以上条件显示。

2)安全库存设置

该功能中的明细字段中,除品名、最大数量、最小数量外,其余字段的显示是由"安全库存字段设置"功能决定。通过设置安全库存的上、下限数量,配合系统中安全库存的相关报警及查询功能,让企业及时获知低于最低库存或高于最大库存的产品,采取对应的措施,防止库存积压或无法及时交货的情况。

3)安全库存查询

在本功能中,用户可以查看低于安全库存、高于安全库存及在安全库存范围内的所有型号。

实验 9.2　销售管理

【实验目的】

(1)掌握网商 ERP 管理系统中销售管理的相关内容;

(2)掌握企业日常销售业务处理方法;

(3)理解销售管理与其他系统之间的数据关系。

【实验内容】

(1)客户管理;(2)销售总协议;(3)销售合同管理;(4)预定管理;(5)发货通知单;(6)成品库;(7)成品销售发票管理;(8)寄售库;(9)退货。

【实验步骤】

(1)客户管理

1)客户类别设置

单击菜单项:"销售管理"→"客户管理"→"客户类别设置"。

用户可以通过工具条上的"新增""修改"和"删除"按钮来进行相应的新增、修改和删除操作。

2)客户等级设置

单击菜单项:"销售管理"→"客户管理"→"客户等级设置"。

基本操作如下:

新增:在当前窗口中新增一条记录,并使窗口的编辑区处于可编辑状态。

⬥ 修改:对所选择的记录进行修改,并使窗口的编辑区处于可编辑状态。

✕ 删除:删除所选择的记录,系统通常会进行删除确认。

3)客户证书类别设置

单击菜单项:"销售管理"→"客户管理"→"客户证书类别设置"。

基本操作如下:

🗋 新增:在当前窗口中新增一条记录,并使窗口的编辑区处于可编辑状态。

⬥ 修改:对所选择的记录进行修改,并使窗口的编辑区处于可编辑状态。

✕ 删除:删除所选择的记录,系统通常会进行删除确认。

4)佣金商基本信息

单击菜单项:"销售管理"→"客户管理"→"佣金商基本信息"。

基本操作如下:

① 新增佣金商信息。单击工具条上的"新增"按钮,在打开的新增窗口中输入相应的信息即可。

② 修改佣金商信息。选择需要修改的记录,单击工具条上的"修改"按钮,在打开的修改窗口中进行相关的信息修改操作。

③ 删除佣金商信息。选中要删除的记录,单击工具条上的"删除"按钮,系统通常会进行删除确认。

5)客户基本信息

单击菜单项:"销售管理"→"客户管理"→"客户基本信息"。

基本操作如下:

① 新增客户信息。单击工具条上的"新增"按钮,在打开的新增窗口中输入相应的信息即可。

② 修改客户信息。对所选择的记录进行修改,单击"修改"按钮弹出修改界面。

③ 删除客户信息。删除所选择的记录,系统通常会进行删除确认。

④ 转 Excel。系统中的数据导出到 Excel 中,用户可以任意编辑和修改。

6)客户货号对照

单击菜单项:"销售管理"→"客户管理"→"客户货号对照"。

基本操作如下:

① 新增客户货号。单击工具条上的"新增"按钮,在打开的新增窗口中输

入相应的信息即可。

② 修改客户货号。对所选择的记录进行修改,单击"修改"按钮弹出修改界面。

③ 删除客户货号。删除所选择的记录,系统通常会进行删除确认。

④ 转 Excel。系统中的数据导出到 Excel 中后,用户可以任意编辑和修改。

7）客户拓展信息

① 客户拓展阶段设置

单击菜单项:"销售管理"→"客户关系管理"→"客户拓展信息"→"客户拓展阶段设置"。

基本操作如下:

🔍 查找:查找功能,打开系统标准的查找窗口,可按照设置要求进行查找。

📄 新增:在当前窗口中新增一条记录,并使窗口的编辑区处于可编辑状态。

✏ 修改:对所选择的记录进行修改,并使窗口的编辑区处于可编辑状态。

✖ 删除:删除所选择的记录,系统通常会进行删除确认。

② 客户拓展方式设置

单击菜单项:"销售管理"→"客户关系管理"→"客户拓展信息"→"客户拓展方式设置"。

基本操作如下:

🔍 查找:查找功能,打开系统标准的查找窗口,可按照设置要求进行查找。

📄 新增:在当前窗口中新增一条记录,并使窗口的编辑区处于可编辑状态。

✏ 修改:对所选择的记录进行修改,并使窗口的编辑区处于可编辑状态。

✖ 删除:删除所选择的记录,系统通常会进行删除确认。

③ 客户拓展文档类型设置

单击菜单项:"销售管理"→"客户关系管理"→"客户拓展信息"→"客户拓展文档类型设置"。

基本操作如下:

🔍 查找:查找功能,打开系统标准的查找窗口,可按照设置要求进行查找。

📄 新增:在当前窗口中新增一条记录,并使窗口的编辑区处于可编辑状态。

✏ 修改:对所选择的记录进行修改,并使窗口的编辑区处于可编辑状态。

✕ 删除:删除所选择的记录,系统通常会进行删除确认。

④ 客户拓展信息

单击菜单项:"销售管理"→"客户关系管理"→"客户拓展信息"。

基本操作如下:

新增:单击工具条上的"新增"按钮,在打开的新增窗口中输入相应的信息即可,系统会对每个必需输入的数据项进行确认和提示。

修改:对所选择的记录进行修改,单击"修改"按钮弹出修改界面。

✕ 删除:删除所选择的记录,系统通常会进行删除确认。

转Excel:系统中的数据导出到 Excel 中后,用户可以任意编辑和修改。

（2）销售总协议

1）输入销售总协议

单击菜单项:"销售管理"→"销售总协议"→"输入销售总协议"。

2）销售总协议单据查询

单击菜单项:"销售管理"→"销售总协议"→"销售总协议单据查询"。

基本操作如下:

① 销售总协议关闭。选择"关闭"菜单,当前选择的销售总协议被关闭;激活是指把已经关闭或中止的总协议重新设置为正常的执行状态。

② 销售总协议修改。单击工具栏上的"修改"按钮实现对销售总协议的修改。

3）销售总协议明细查询

单击菜单项:"销售管理"→"销售总协议"→"销售总协议明细查询"。

基本操作如下:

① 销售总协议关闭。可以通过工具栏中的"关闭""批量关闭"按钮,手动关闭销售总协议。如果选择"关闭"菜单,当前选择的销售总协议被关闭;激活是指把已经关闭或中止的总协议重新设置为正常的执行状态。

② 销售总协议修改。单击工具栏上的"修改"按钮实现对销售总协议的修改。

③ 查看修改历史。单击工具栏上的"查看修改历史"按钮实现对销售总协议的修改历史进行查看。

（3）销售合同管理

1）输入销售合同

单击菜单项:"销售管理"→"输入销售合同"。

销售员直接根据与客户的洽谈结果,在系统中录入合同,经过必要的审批流程后,进入后续流程。

2)销售合同查询

单击菜单项:"销售管理"→"销售合同单据查询""销售合同明细查询""销售合同应交货查询""字段说明"。

(4)预定管理

1)库存预定查询

单击菜单项:"销售管理"→"预定管理"→"库存预定查询"。

基本操作如下:

🔍查找:查找功能,打开系统标准的查找窗口,可按照设置要求进行查找。

图转Excel:系统中的数据导出到 Excel 中后,用户可以任意编辑和修改。

2)期货预定查询

单击菜单项:"销售管理"→"预定管理"→"期货预定查询"。

🔍查找:查找功能,打开系统标准的查找窗口,可按照设置要求进行查找。

图转Excel:系统中的数据导出到 Excel 中后,用户可以任意编辑和修改。

3)销售合同批量预定

单击菜单项:"销售管理"→"预定管理"→"销售合同批量预定"。

🔍查找:查找功能,打开系统标准的查找窗口,可按照设置要求进行查找。

选择:可通过"选择"按钮对库存、采购合同、成品需求计划进行预定操作。

(5)发货通知单

1)由库存形成发货通知单

单击菜单项:"销售管理"→"发货通知单"→"由库存形成发货通知单"。

如果打开的"库存预订"窗口中的记录很多,用户可以通过查找功能进行数据的快速定位。

2)由库存预订形成发货通知单

单击菜单项:"销售管理"→"发货通知单"→"由库存预订形成发货通知单"。

如果打开的"库存预订"窗口中的记录很多,用户可以通过查找功能进行数据的快速定位。

3)发货通知单查询

单击菜单项:"销售管理"→"发货通知单"→"发货通知单查询"。

系统支持对查找到的未执行的发货通知单进行快速修改,用户只要通过工具条上的"修改"按钮就可以对选中的发货通知单进行修改。当用户选中的发货通知单已经执行完成时,修改窗口中的数据项被系统保护起来,不允许修改。发货单查询窗口支持用户通过查找功能进行数据的快速定位。

4)发货通知单明细查询

单击菜单项:"销售管理"→"发货通知单"→"发货通知单明细查询"。

基本操作如下:

🔍查找:查找功能,打开系统标准的查找窗口,可按照设置要求进行查找。

📝修改:对所选择的记录进行修改,单击"修改"按钮弹出修改界面。

🖼转Excel:系统中的数据导出到 Excel 中,用户可以任意编辑和修改。

5)未完成发货通知单查询

单击菜单项:"销售管理"→"发货通知单"→"未完成发货通知单查询"。

查询和修改的操作与"发货单查询"相同,请参见"发货单查询"。

(6)成品库

1)成品由发货通知单销售出库

单击菜单项:"库存管理"→"成品库管理"→"出库"→"成品由发货通知单销售出库"。

2)成品由寄售发货单发货

单击菜单项:"库存管理"→"成品库管理"→"出库"→"成品由寄售发货单销售出库"。

3)成品库查询

① 成品入库单据查询。单击菜单项:"库存管理"→"成品库管理"→"查询"→"成品入库单据查询"。

② 成品出库单据查询。单击菜单项:"库存管理"→"成品库管理"→"查询"→"成品出库单据查询"。

③ 成品移库单据查询。单击菜单项:"库存管理"→"成品库管理"→"查询"→"成品移库单据查询"。

④ 成品入库流水查询。单击菜单项:"库存管理"→"成品库管理"→"查询"→"成品入库流水查询"。

⑤ 成品出库流水查询。单击菜单项:"库存管理"→"成品库管理"→"查

询"→"成品出库流水查询"。

⑥ 成品移库流水查询。单击菜单项:"库存管理"→"成品库管理"→"查询"→"成品移库流水查询"。

⑦ 成品货位调整流水查询。单击菜单项:"库存管理"→"成品库管理"→"查询"→"成品货位调整流水查询"。

⑧ 成品库存明细查询。单击菜单项:"库存管理"→"成品库管理"→"查询"→"成品库存明细查询"。

可以通过工具条上的"查找"按钮进行快速定位,支持通过单击列标题对数据进行排序。选择好具体入库单库存明细信息后,单击"√预订"可进行库存预定设置。

(7) 成品销售发票管理

1) 成品销售发票输入

单击菜单项:"销售管理"→"销售发票管理"→"成品销售发票(不含税价)"→"由销售合同登记成品采购发票""由成品出库流水登记销售发票""直接登记成品销售发票"。

① 由销售合同登记成品采购发票:通过对销售合同信息的引入,形成成品采购发票。通过界面上的"引入"按钮,可以直接显示销售合同中的明细信息,在该输入功能界面上出现选择的记录,也可以通过对客户的选择显示有关该客户的信息再引入对应的信息。

② 由成品出库流水登记销售发票:通过对出库流水信息的引入,形成销售发票。单击界面上的"引入"按钮,查询到有关出库流水的明细信息,然后在界面上显示引入的信息,在引入信息的基础上,进行必要的信息添加,保存后即可可以。

③ 直接登记成品销售发票:通过手动直接输入的方式形成成品销售发票。直接单击客户后的 按钮选择所需要的客户名信息,然后在根据所选择的客户通过 按钮显示客户的基本信息,然后进行输入形成成品销售发票即可。

2) 成品销售发票查询

单击菜单项:"销售管理"→"销售发票管理"→"成品销售发票(不含税价)"→"成品销售发票单据查询""成品销售发票明细查询""成品出库单未开票查询"。

① 成品销售发票单据查询。在成品销售发票单据查询中对于单条记录的信息显示的很清楚。

② 成品销售发票明细查询。可显示某一个产品或某一个客户的有关销售发票信息。

③ 成品出库单未开票查询。可查询已销售出库但没有开具发票的信息。

3）成品销售发票修改

单击菜单项："销售管理"→"销售发票管理"→"成品销售发票（不含税价）"→"成品销售发票修改"。

① 修改：对所选择的记录进行修改，可以弹出编辑窗口。

② 删除：对于无效的发票可以进行删除操作，但是删除所选择的记录，系统通常会进行删除确认。

（8）寄售库

1）寄售库退回成品库

单击菜单项："销售管理"→"寄售库"→"入库"→"寄售库退回成品库"。

2）寄售库查询

① 寄售库单据查询。单击菜单项："销售管理"→"寄售库"→"查询"。可以进行寄售库入库单据查询，寄售库出库单据查询，寄售库移库单据查询。

② 寄售库流水查询。单击菜单项："销售管理"→"寄售库"→"查询"。可以进行寄售库中出入库、移库情况的查询。

③ 寄售库库存明细查询。单击菜单项："销售管理"→"寄售库"→"查询"→"寄售库库存明细查询"。

（9）退货

1）销售退货通知单

① 输入销售退货通知单。单击菜单项："销售管理"→"销售退货通知单"→"输入销售退货通知单""由出库流水形成销售退货通知单"。

② 由出库流水形成销售退货通知单。通过对出库流水信息的引入，形成销售退货通知单。

2）销售退货通知单查询

单击菜单项："销售管理"→"销售退货通知单"→"销售退货通知单单据查询""未完成销售退货通知单查询""销售退货通知单明细查询"。

销售退货通知单单据查询的基本操作如下：

🔍查找：查找功能，打开系统标准的查找窗口，可按照已经配置的项，输入用户所需要的信息要求，进行快速查找。

✏修改：对所选择的记录进行修改，可弹出编辑窗口。但是对于已经进行过冲退的数据信息不可以进行修改。

🖨打印：对选中的信息进行打印操作，在单击"打印"按钮时会弹出所需要的模板。

3）由销售退货通知单退货

单击菜单项："库存管理"→"成品库管理"→"出库"→"成品由退货通知单退货"。

4）寄售退货通知单

① 形成寄售退货通知单。单击菜单项："销售管理"→"寄售退货通知单"→"形成寄售退货通知单"。通过对入库流水信息的引入，形成寄售退货通知单。

② 寄售退货通知单查询。单击菜单项："寄售管理"→"寄售退货通知单"→"寄售退货通知单查询""寄售退货通知单未发货明细查询""寄售退货通知单明细查询"。

寄售退货通知单单据查询的基本操作如下：

🔍查找：查找功能，打开系统标准的查找窗口，可按照已经配置的项，输入用户所需要的信息要求，进行快速查找。

✏修改：对所选择的记录进行修改，可以弹出编辑窗口。但是对于已经进行过冲退的数据信息不可以进行修改。

🖨打印：对选中的信息进行打印操作，在单击"打印"按钮时会弹出所需要的模板。

🔍查找：如果界面上显示的记录比较多，可以通过"查找"按钮，输入对应的信息较快的查询到所需要的记录。

🔲转Excel：系统中的数据导出到 Excel 中，用户可以选择所需要转换的项进行导出，完成后可以对其中的数据任意编辑和修改。

实验 9.3　采购管理

【实验目的】

(1) 掌握网商 ERP 管理系统中采购管理的相关内容；

(2) 掌握企业日常采购业务处理方法；

(3) 理解采购管理与其他系统之间的数据关系。

【实验内容】

(1) 供应商管理；(2) 采购总协议；(3) 采购合同管理；(4) 收货通知单；
(5) 库存管理；(6) 发票管理。

【实验步骤】

(1) 供应商管理

① 供应商类别设置

单击菜单项："采购管理"→"供应商管理"→"供应商类别设置"。

用户可以通过工具条上的"新增""修改"和"删除"按钮来进行相应的新
增、修改和删除操作。

② 供应商等级设置

单击菜单项："采购管理"→"供应商管理"→"供应商类别设置"。

用户可以通过工具条上的"新增""修改"和"删除"按钮来进行相应的新
增、修改和删除操作。

③ 供应商基本信息

单击菜单项："采购管理"→"供应商管理"→"供应商基本信息"。

(2) 采购总协议

1) 原材料采购总协议

① 输入原材料采购总协议。单击菜单项："采购管理"→"原材料采购总协
议"→"输入原材料采购总协议"。

② 原材料采购总协议单据查询。单击菜单项:"采购管理"→"原材料采购总协议"→"原材料采购总协议单据查询"。

③ 原材料采购总协议明细查询。单击菜单项:"采购管理"→"原材料采购总协议"→"原材料采购总协议明细查询"。

A. 总协议关闭:将已经执行完毕或者无效的总协议关闭,前提是该总协议原先是处于运行状态的。

总协议批量关闭:一次性关闭多条总协议。

B. 总协议激活:把已经关闭或中止的总协议重新设置为正常的执行状态。

C. 总协议转 Excel:将需要的记录选择出来或者把所有的记录,通过转Excel,选择所需要转的字段,直接转换成 Excel,可以方便打印等。

D. 总协议查看修改历史:假设查看的记录之前有修改过的痕迹,可以通过该项查看到修改之前的值,以及是由谁去修改的。

④ 原材料运行采购总协议明细查询。单击菜单项:"采购管理"→"原材料采购总协议"→"原材料运行采购总协议明细查询"。

2)成品采购总协议

① 输入成品采购总协议。单击菜单项:"采购管理"→"成品采购总协议"→"输入成品采购总协议"。

② 成品采购总协议单据查询。单击菜单项:"采购管理"→"成品采购总协议"→"成品采购总协议单据查询"。

③ 成品采购总协议明细查询。单击菜单项:"采购管理"→"成品采购总协议"→"成品采购总协议明细查询"。

④ 成品运行采购总协议明细查询。单击菜单项:"采购管理"→"成品采购总协议"→"成品运行采购总协议明细查询"。

(3)采购合同

1)原材料采购合同

① 输入原材料采购合同。单击菜单项:"采购管理"→"原材料采购合同"→"输入原材料采购合同"。

② 由采购计划形成采购合同。单击菜单项:"采购管理"→"原材料采购合同"→"由采购计划形成采购合同"。单击"引入"按钮后,采购员可以从弹出的"采购计划"窗口中快速选择相应的产品信息,完成原材料采购合同的编制工

作,弹出"采购计划"窗口。

③ 原材料采购合同单据查询。单击菜单项:"采购管理"→"原材料采购合同"→"原材料采购合同单据查询"。

④ 原材料采购合同明细查询。单击菜单项:"采购管理"→"原材料采购合同"→"原材料采购合同明细查询"。

⑤ 原材料采购应交货查询。单击菜单项:"采购管理"→"原材料采购合同"→"原材料采购应交货查询"。

⑥ 原材料采购合同修改历史查询。单击菜单项:"采购管理"→"原材料采购合同"→"原材料采购合同修改历史查询"。

2)成品采购合同

① 由销售合同形成采购合同。单击菜单项:"采购管理"→"成品采购合同"→"由销售合同形成成品采购合同"。单击"引入"按钮后,采购员可以从弹出的"销售合同"窗口中快速选择相应的产品信息,完成成品采购合同的编制工作,弹出"销售合同"窗口。

② 输入成品采购合同。单击菜单项:"采购管理"→"成品采购合同"→"输入成品采购合同"。

③ 成品采购合同单据查询。单击菜单项:"采购管理"→"成品采购合同"→"成品采购合同单据查询"。

④ 成品采购合同明细查询。单击菜单项:"采购管理"→"成品采购合同"→"成品采购合同明细查询"。

⑤ 成品采购应交货查询。单击菜单项:"采购管理"→"成品采购合同"→"成品采购应交货查询"。

⑥ 成品采购合同特殊说明查询。单击菜单项:"采购管理"→"成品采购合同"→"成品采购合同特殊说明查询"。

⑦ 成品采购合同修改历史查询。单击菜单项:"采购管理"→"成品采购合同"→"成品采购合同修改历史查询"。

(4)收货通知单

1)原材料收货通知单

① 形成原材料收货通知单。单击菜单项:"采购管理"→"原材料收货通知单"→"形成原材料收货通知单"。引入条件设置:可以通过"设置"按钮,对引

入条件进行约束,如果选择了设置条件,引入条件前面的钩就会打上。

② 原材料收货通知单查询。单击菜单项:"采购管理"→"原材料收货通知单"→"原材料收货通知单查询"。

③ 原材料收货通知单明细查询。单击菜单项:"采购管理"→"原材料收货通知单"→"原材料收货通知单明细查询"。

④ 原材料未完成收货通知单查询。单击菜单项:"采购管理"→"原材料收货通知单"→"原材料未完成收货通知单查询"。

2)成品收货通知单

① 形成成品收货通知单。单击菜单项:"采购管理"→"成品收货通知单"→"形成成品收货通知单"。

② 成品收货通知单查询。单击菜单项:"采购管理"→"成品收货通知单"→"成品收货通知单查询"。

③ 成品收货通知单明细查询。单击菜单项:"采购管理"→"原材料收货通知单"→"原材料收货通知单明细查询"。

④ 成品未完成收货通知单查询。单击菜单项:"采购管理"→"成品收货通知单"→"成品未完成收货通知单查询"。

(5)库存管理

1)采购待检库管理

① 由收货通知单入采购待检库。单击菜单项:"库存管理"→"采购待检库管理"→"入库"→"由收货通知单入采购待检库"。单击工具栏的"引入"按钮后,从弹出的"收货通知单"窗口中快速选择相应的产品信息,完成入采购待检库的编制工作;也可选择供应商后面 ⊟ 按钮,然后先选择所需要的供应商,再进行引入,这样引入的信息就是和所选择的供应商是有关的。

② 采购检验合格入原材料库。单击菜单项:"库存管理"→"采购待检库管理"→"出库"→"采购检验合格入原材料库"。

③ 采购检验合格入成品库。单击菜单项:"库存管理"→"采购待检库管理"→"出库"→"采购检验合格入成品库"。

2)原材料库管理

单击菜单项:"库存管理"→"原材料库管理"→"入库"→"由收货通知单入原材料库"。

通过"引入"按钮引入收货通知单中的具体信息,形成入原材料库的单子。

3）成品库管理

单击菜单项:"库存管理"→"成品库管理"→"入库"→"由收货通知单入成品库"。

通过"引入"按钮引入收货通知单中的具体信息,形成入成品库的单子。

（6）发票管理

1）原材料采购发票（不含税）

① 由原材料入库单登记采购发票。单击菜单项:"采购管理"→"采购发票管理"→"原材料采购发票（不含税）"→"由原材料入库单登记采购发票"。单击"引入"按钮,由入库流水引入。首先选择供应商,然后引入对应供应商的"原材料采购入库单未开票明细"界面;选择明细记录后,在主界面的下方就会出现入库明细和开票明细,开票明细中显示的字段就是开票时所需要的字段;如果所选择的信息有误,在弹出的选择供应商界面中有一个"清空"按钮,选中"清空"按钮会弹出一个确认清空的对话框,直接单击"是"即可将之前所选择的记录都清除以进行重新选择。

② 原材料发票查询。单击菜单项:"采购管理"→"采购发票管理"→"原材料采购发票（不含税）"→"原材料采购发票单据查询""原材料采购发票明细查询""原材料入库单未开票查询"。

③ 原材料采购发票修改。单击菜单项:"采购管理"→"采购发票管理"→"原材料采购发票（不含税）"→"原材料采购发票修改"。

2）成品采购发票（不含税）

① 由成品入库单登记采购发票。单击菜单项:"采购管理"→"采购发票管理"→"成品采购发票（不含税）"→"由成品入库单登记采购发票"。单击"引入"按钮,由入库流水引入。首先选择供应商,然后引入对应供应商的"成品采购入库单未开票明细"界面;选择明细记录后,在主界面的下方就会出现入库明细和开票明细,开票明细中显示的字段就是开票时所需要的字段,对于开票明细中的记录还可以右击进行"新增""删除""全部删除""更新金额"等操作;如果所选择的信息有误,在弹出的选择供应商界面中有一个"清空"按钮,选中"清空"按钮,会弹出一个确认清空的对话框,直接单击"是"即能把之前所选择的记录都清除以进行重新选择。

②　成品发票查询。单击菜单项:"采购管理"→"采购发票管理"→"成品采购发票(不含税)"→"成品采购发票单据查询"/"成品采购发票明细查询"/"成品入库单未开票查询"。

③　成品采购发票修改。单击菜单项:"采购管理"→"采购发票管理"→"成品采购发票(不含税)"→"成品采购发票修改"。对已经存在的记录进行修改时,其中有些项目是不可以修改的,如品名、入库数量、类型等。删除功能,只需要将不需要的信息选中,单击"删除"按钮即可。

3)　辅料采购发票(不含税)

①　由辅料入库单登记采购发票。单击菜单项:"采购管理"→"采购发票管理"→"辅料采购发票(不含税)"→"由辅料入库单登记采购发票"。单击"引入"按钮,由入库流水引入。首先选择供应商,然后引入对应供应商的"辅料采购入库单未开票明细"界面;选择明细记录后,在主界面的下方就会出现入库明细和开票明细,开票明细中显示的字段就是开票时所需要的字段,对于开票明细中的记录还可以右击进行"新增"删除"全部删除""更新金额"等操作;如果所选择的信息有误,在弹出的选择供应商界面中有一个"清空"按钮,选中"清空"按钮,会弹出一个确认清空的对话框,直接单击"是"即能把之前所选择的记录都清除进行重新选择。

②　辅料发票查询。单击菜单项:"采购管理"→"采购发票管理"→"辅料采购发票(不含税)"→"辅料采购发票单据查询""辅料采购发票明细查询""辅料入库单未开票查询"。

③　辅料采购发票修改。单击菜单项:"采购管理"→"采购发票管理"→"辅料采购发票(不含税)"→"辅料采购发票修改"。对已经存在的记录进行修改时,其中有些项目是不可以修改的,如品名、入库数量、类型等。删除功能,只需要将不需要的信息选中,单击"删除"按钮即可。

4)　委外加工发票(不含税)

①　由委外加工入库单登记采购发票。单击菜单项:"采购管理"→"采购发票管理"→"委外加工发票(不含税)"→"由委外加工入库单登记采购发票"。点击"引入"按钮,由入库流水引入。首先选择委外加工厂,然后引入对应委外加工厂的"由委外加工入库单登记采购发票"界面;选择明细记录后,在主界面的下方就会出现入库明细和开票明细,开票明细中显示的字段就是开票时所需

要的字段,对于开票明细中的记录还可以右击进行"新增""删除""全部删除""更新金额"等操作;如果所选择的信息有误,在弹出的选择供应商界面中有一个"清空"按钮,选中"清空"按钮,会弹出一个确认清空的对话框,直接单击"是"即能把之前所选择的记录都清除以进行重新选择。

② 委外加工发票查询。单击菜单项:"采购管理"→"采购发票管理"→"委外加工发票(不含税)"→"委外加工发票单据查询""委外加工发票明细查询""委外加工入库单未开票查询"。

③ 委外加工发票修改。单击菜单项:"采购管理"→"采购发票管理"→"委外加工发票(不含税)"→"委外加工发票修改"。

实验 9.4　生产管理

【实验目的】

(1) 掌握网商 ERP 管理系统中生产管理系统的基础设置及工序产量卡的相关内容;

(2) 掌握生产管理系统中计件工资的基础及计件工资的计算。

【实验内容】

(1) 生产设置;(2) 工序产量卡;(3) 计件工资。

【实验步骤】

(1) 生产设置

1) 加工工序设置

单击菜单项:"生产管理"→"生产设置"→"加工工序设置"。

基本操作如下:

新增:在当前窗口中新增一条记录,并使窗口的编辑区处于可编辑状态。

修改:对所选择的记录进行修改,并使窗口的编辑区处于可编辑状态。

删除:删除所选择的记录,系统通常会进行删除确认。

2）工序加工人设置

单击菜单项："生产管理"→"生产设置"→"工序加工人设置"。

基本操作如下：

▭新增:在当前窗口中新增一条记录,在新增界面选择所需要设置的加工工序,再将对应的人员添加进来。

◈修改:对所选择的记录进行修改,并使窗口的编辑区处于可编辑状态。

✕删除:删除所选择的记录,系统通常会进行删除确认。

3）产品组成设置

单击菜单项："生产管理"→"生产设置"→"生产工艺路线"。

基本操作如下：

① 新增生产工艺路线。单击工具条上的"新增"按钮,弹出新增窗口。设置完各个工序并给当前工艺路线进行合法命名后,单击"确定"按钮。

② 修改生产工艺路线。选中需要修改的工艺路线后单击工具条上的"修改"按钮,系统弹出修改窗口。修改操作与新增时的操作相同,完成后单击"确定"按钮即可。

4）产品组成设置

单击菜单项："生产管理"→"生产设置"→"产品组成设置"。

基本操作如下：

① 新增。单击工具条上的"新增"按钮,选择需要建立产品组成的品名后,右击选择"新增材料",添加材料信息。添加完所有的材料后,单击"确定"按钮完成产品组成的设置。

② 修改。选择需要修改的产品组成,单击工具条上的"修改"按钮,在修改窗口中进行修改即可,操作与新增相同。

③ 默认。当一个产品有多种不同的组成时,可以通过"默认"功能将其中一个常用的组成设置为默认,这样在后续生产流转中的材料需求可参考默认的产品组成而定。

④ 替换品名。当某一个产品作为多个产品的加工材料时,如果该产品的名称发生变更,则通过替换品名的方式进行产品组成的更新。

⑤ 删除。未形成产品工艺方案的产品可以删除。

5）产品工艺方案

单击菜单项："生产管理"→"生产设置"→"产品工艺方案"。

① 新增。单击工具条上的"新增"按钮，打开新增工艺方案窗口，单击工艺方案后的 按钮，弹出所有未建立工艺方案的产品组成记录，即仅有未设置过工艺方案的产品组成才被过滤出来。选择一条记录后，右键"设置工艺路线"，选择正确的工艺路线后单击"确定"按钮即可完成产品工艺方案的设置。

② 修改。通过"修改"按钮可以对工艺路线进行修改。

③ 复制。通过该功能可以复制形成新的工艺路线，同时生成对应的产品组成。

④ 删除。未在系统中进行过生产加工流转的工艺方案才可以删除。

⑤ 关闭、激活。工艺方案建立后，在系统中进行过生产加工流转，而以后不再使用该方案时，可以将其关闭掉。反操作即激活。

⑥ 替换工艺路线。当某条工艺路线被多个工艺方案使用，但需要更换为其他工艺路线时，可以通过该功能进行批量更换。

⑦ 默认工艺方案。当某种产品的加工有多个工艺方案时，可以将常用的工艺方案设置为默认，在后续生产加工流转操作时，ERP 将自动根据默认方案消耗材料。

6）生产班组设置

单击菜单项："生产管理"→"生产设置"→"生产班组设置"。

（2）工序产量卡

1）工序加工产量输入

单击菜单项："生产管理"→"工序产量卡"→"工序加工产量输入"。

选择品名、加工工序后，输入该工序下相应子工序的工人产量，单击"保存"即可完成该工序产量卡的输入。

2）工序加工产量查询

查询所有工序产量卡信息，包括工序加工产量单据查询、工序加工产量明细查询。

（3）计件工资

1）计件工资类别设置

单击菜单项："计件工资管理"→"统计项目设置"→"计件工资设置"。

基本操作如下：

① 班组按系数计算。对于班组加工的业绩，默认是按照班组分配比例将数量折算到个人，也可以将班组分配比例当作加工单价系数使用，此时需在类别设置中勾选"班组按系数计算"选项，个人的业绩 = 班组产量 × 加工单价 × 系数。

② 班组直接计算。对于部分工序的业绩只计算到班组再由车间内部进行手工分配的情况，需在类别设置中勾选"班组直接计算"选项。

2）计件工资项目设置

单击菜单项："计件工资管理"→"统计项目设置"→"计件工资项目设置"。

3）工序加工因素设置

单击菜单项："计件工资管理"→"基础数据设置"→"工序加工因素设置"。

基本操作如下：

① 新增。新增某一个加工工序的单价影响因素，在新增界面通过勾选方式选择。

② 修改、删除。修改或删除某一个加工工序的单价影响因素。

4）加工单价设置

单击菜单项："计件工资管理"→"基础数据设置"→"加工单价设置"。

5）计件工资查询

单击菜单项："计件工资管理"→"工资计算"→"计件工资查询"。

用户可自定义年、月、员工查看指定月份某员工的计件工资，同时在查询以往历史工资时，可选择是否显示离职员工的计件工资。

实验 9.5　计划管理

【实验目的】

（1）掌握网商 ERP 管理系统中计划管理系统的基础设置的相关内容；

（2）掌握成品需求计划、车间生产计划的形成；

（3）掌握物料需求计算的过程；

（4）掌握派工单管理及车间生产流转的处理方法。

【实验内容】

（1）计划设置；（2）成品需求计划；（3）成品生产计划；（4）车间生产计划；（5）物料需求计算；（6）派工单管理；（7）车间生产流转。

【实验步骤】

（1）计划设置

① 交货要求设置。单击菜单项："计划管理"→"计划设置"→"交货要求设置"。

② 生产计划运算规则设置。

（2）成品需求计划

单击菜单项："计划管理"→"成品需求计划"→"由销售合同形成成品需求计划"。

单击"引入"按钮,选择正确的销售合同。填写相关信息后,单击"保存",即可完成成品需求计划的输入。

（3）成品生产计划

单击菜单项："计划管理"→"成品生产计划"→"由成品需求计划形成成品生产计划"。

引入成品需求计划,输入相关数据,单击"保存"按钮后即可退出。

（4）车间生产计划

单击菜单项："计划管理"→"车间生产计划"→"输入车间生产计划"。

（5）物料需求计算

① 物料需求计算设置。单击菜单项："计划管理"→"物料需求计算"→"物料需求计算设置"。

② 物料需求计算。单击菜单项："计划管理"→"物料需求计算"→"物料需求计算"。

（6）派工单管理

1）形成派工单

① 由车间生产计划形成派工单。单击菜单项："计划管理"→"派工单"→

"半成品派工单"→"由车间生产计划形成派工单"。

基本操作如下：

⚙引入：单击"引入"按钮出现成品生产计划选择界面，成品生产计划信息，确定到主界面可多选。用户可以通过右击的快捷菜单"删除"按钮来删除多余记录。

▣ 参照库存：可参考需求物料的库存情况，但是不能直接选择或者修改。

② 输入成品返工派工单。单击菜单项："计划管理"→"派工单"→"成品派工单"→"输入成品返工派工单"。

2）由派工单领料

① 由半成品派工单从原材料库生产领料。单击菜单项："库存管理"→"原材料库管理"→"出库"→"由半成品派工单从原材料库生产领料"。

基本操作如下：

⚙引入：单击"引入"按钮出现派工单物料需求选择界面，可多选派工单信息，确定到主界面。用户可以通过右击的快捷菜单"删除"按钮来删除多余记录。

⬇选择：相应的右侧"物料库存"会出现对应物料需求的库存，通过"选择"按钮，用户可以快速从"物料库存"中选择需要领出的物料，显示在"领料清单"中。

② 由半成品派工单从原材料库返工领料。单击菜单项："库存管理"→"原材料库管理"→"出库"→"由半成品派工单从原材料库返工领料"。

③ 由成品派工单从原材料库生产领料。单击菜单项："库存管理"→"原材料库管理"→"出库"→"由成品派工单从原材料库生产领料"。

④ 由半成品派工单从半成品库生产领料。单击菜单项："库存管理"→"半成品管理"→"出库"→"由半成品派工单从半成品库生产领料"。

⑤ 由半成品派工单从半成品库返工领料。单击菜单项："库存管理"→"半成品管理"→"出库"→"由半成品派工单从半成品库返工领料"。

⑥ 由成品派工单从半成品库生产领料。单击菜单项："库存管理"→"半成品库管理"→"出库"→"由成品派工单从半成品库生产领料"。

⑦ 由成品派工单从成品库生产领料。单击菜单项："库存管理"→"成品库管理"→"出库"→"由成品派工单从成品库生产领料"。

⑧ 由成品派工单从成品库返工领料。单击菜单项:"库存管理"→"成品库管理"→"出库"→"由成品派工单从成品库返工领料"。

3) 由派工单入库

① 由成品生产派工单入库。单击菜单项:"库存管理"→"成品库管理"→"入库"→"由成品生产派工单入库"。窗口中的"派工单"的输入,可以单击数据项后面的█按钮,打开一个相关联的快速录入窗口,选择数据即可。

基本操作如下:

█引入:可多选库存信息,确定到主界面的加工材料栏。

█继续:继续输入加工结果数据。

█删除:删除已填写加工结果数据。

█已输入记录:查看已经输好的加工结果数据。

② 由成品返工派工单入库。单击菜单项:"库存管理"→"成品库管理"→"入库"→"由成品返工派工单入库"。窗口中的"派工单"的输入,可以单击数据项后面的█按钮,打开一个相关联的快速录入窗口,选择数据即可。

基本操作如下:

█引入:可多选库存信息,确定到主界面的加工材料栏。

█继续:继续输入加工结果数据。

█删除:删除已填写加工结果数据。

█已输入记录:查看已经输好的加工结果数据。

注:其他由派工单入库的操作与以上操作类似,参考以上的操作即可。

(7) 车间生产流转(车间库存管理)

1) 生产领料入车间

以半成品生产领料为例,该功能是将半成品库的产品领出至车间库,在车间库存中进行加工。

操作步骤如下:先选择领用的品名然后单击█按钮,此时会把满足品名的数据显示出来,通过█选择█按钮把对应记录选择下来,再修改需要领料的数量;选择加工人和目的仓库,然后保存;保存后,半成品库存根据领出的数量而减少,而车间库存则根据领出的数量增加。

2）生产完工入库

以生产完工入成品库为例,该功能是将领到车间的物料加工完毕后依然放在车间仓库,待下一道工序的加工。

操作步骤如下:引入车间库存,选择正确的库存记录;填写加工结果信息,包括完工数量、生产批号、仓库等;单击"保存"按钮,在保存确认界面中再次单击"保存"按钮,完成完工入库单的录入;保存后,车间库存的库存明细会减少,成品库库存将增加。

3）车间在线交接

针对多道工序在车间连续加工问题,可通过车间在线交接功能完成,即该功能同时实现生产领料、生产完工入库流程。

实验 9.6　外协管理

【实验目的】

（1）掌握网商 ERP 管理系统中外协管理协议的基本内容;

（2）掌握外协管理领料、入库及出库的过程。

【实验内容】

（1）委外加工总协议;（2）委外加工合同;（3）委外加工合同领料;（4）委外加工合同入库;（5）委外加工合同出库。

【实验步骤】

（1）委外加工总协议

1）输入委外加工总协议

单击菜单项:"外协管理"→"委外加工总协议"→"输入委外加工总协议"。

2）委外加工总协议单据查询

单击菜单项:"外协管理"→"委外加工总协议"→"委外加工总协议单据查询"。

用户可以在该窗口中浏览到所有的委外加工总协议信息,并可以详细了解每个总协议的执行情况。如果数据量比较大,可以通过工具条上的"查找"按钮打开系统标准的查找窗口来快速定位所要的记录,也可以通过单击数据标题区进行排序,使数据按照当前列进行升序或降序排列,更方便浏览。

基本操作如下:

① 委外加工总协议关闭。用户通过工具栏中的"关闭"按钮,手动关闭总协议。如果选择"关闭"菜单,当前选择的委外加工总协议被关闭。激活是指把已经关闭或中止的总协议重新设置为正常的执行状态。

② 委外加工总协议修改。用户通过单击工具栏上的"修改"按钮实现对总协议的修改。

3)委外加工总协议明细查询

单击菜单项:"外协管理"→"委外加工总协议"→"委外加工总协议明细查询"。

基本操作如下:

① 委外加工总协议关闭。用户通过工具栏中的"关闭"按钮,手动关闭总协议。如果选择"关闭"菜单,当前选择的委外加工总协议被关闭。激活是指把已经关闭或中止的总协议重新设置为正常的执行状态。

② 委外加工总协议修改。用户通过单击工具栏上的"修改"按钮实现对总协议的修改。

③ 查看修改历史。用户通过单击工具栏的"查看修改历史"按钮实现对委外加工总协议的修改历史进行查看。

(2)委外加工合同

1)形成委外加工合同

单击菜单项:"外协管理"→"委外加工合同"→"输入委外加工合同"。

2)委外加工合同单据查询

单击菜单项:"外协管理"→"委外加工合同"→"委外加工合同单据查询"。

3)委外加工合同明细查询

单击菜单项:"外协管理"→"委外加工合同"→"委外加工合同明细查询"。

4)委外加工合同应交货查询

单击菜单项:"外协管理"→"委外加工合同"→"委外加工合同应交货查询"。

5）委外加工合同材料需求明细查询

单击菜单项：“外协管理”→“委外加工合同”→“委外加工合同材料需求明细查询”。

（3）由委外加工合同领料

1）由委外加工合同领料

单击菜单项：“库存管理”→“原材料管理”→“出库”→“由委外加工合同领料”。

基本操作如下：

引入：点击该按钮出现委外加工合同选择界面，可多选合同信息，确定到主界面。用户可以通过右击的快捷菜单“删除”来删除多余记录。

选择：相应的右侧“库存明细”会出现对应材料需求的库存，通过“选择”按钮，用户可以快速从“库存明细”中选择需要领出的物料，显示在“领料明细”。

2）原材料委外加工领料冲退

单击菜单项：“库存管理”→“原材料管理”→“出库”→“原材料委外加工领料冲退”。

基本操作如下：

引入：单击“引入”按钮出现库存明细选择界面，可多选库存信息，确定到主界面。用户可以通过右击的快捷菜单“删除”来删除多余记录。

注：半成品库、成品库由委外加工合同领料与以上操作类似，可参考以上操作。

（4）委外加工入库

单击菜单项：“外协管理”→“委外待检库管理”→“入库”→“由委外加工合同入委外待检库”。

窗口中的“外协合同”的输入，可以单击数据项后面的，打开一个相关联的快速录入窗口，选择委外合同。

基本操作如下：

引入：引入委外加工库存的加工材料。可多选库存信息，确定到主界面的加工材料栏。

继续：继续输入加工结果数据。

继续：删除已填写加工结果数据。

`已输入记录`:查看已经输好的加工结果数据。材料引入之后,在"加工结果"页中通过右键新增录入本次加工完的产品信息,包括数量、产品的完成情况。根据产品组成中的比例关系及本次加工结果的完工数量,系统自动减少加工的库存数量。

(5)委外加工出库

单击菜单项:"外协管理"→"委外待检库管理"→"出库"→"委外加工检验合格入成品库"。

通过查找过滤出委外加工待检库中检验完成的产品明细,然后使用界面的"选择"按钮将检验合格的明细下选至移库明细中来,并填写移库的数量及目的仓库后,进行保存。

注:移库数量不可大于待检库现有数量。保存后,相应的委外加工合同中的完成数量将随入库数量增加而增加。

实验 9.7　设备管理

【实验目的】

(1)掌握网商 ERP 管理系统中设备管理系统的设备、仓库基本信息设置相关内容;

(2)掌握设备的保养、维修及设备库存管理等相关内容。

【实验内容】

(1)设备基本信息设置;(2)设备仓库设置;(3)设备保养和维修;(4)设备润滑管理;(5)设备事故;(6)设备库存管理。

【实验步骤】

(1)设备基本信息设置

① 设备基本信息设置。单击菜单项:"设备基本信息模块"→"设备基本信息模块"→"设备信息设置模块"。

②　设备供应商信息。单击菜单项："设备基本信息模块"→"设备供应商信息模块"。

③　保养等级设置。单击菜单项："设备基本信息"→"保养等级设置"。

④　保养项目设置。单击菜单项："设备基本信息"→"保养项目设置"。

⑤　保养标准设置。单击菜单项："设备基本信息"→"保养标准设置"。

⑥　点检项目类别设置。单击菜单项："设备基本信息"→"点检项目类别设置"。

⑦　点检项目设置。单击菜单项："设备基本信息"→"点检项目设置"。

⑧　检定项目设置。单击菜单项："设备基本信息"→"检定项目设置"。

⑨　设备类别设置。单击菜单项："设备基本信息模块"→"设备类别设置模块"。

⑩　设备类别设置(树型)。单击菜单项："设备基本信息模块"→"设备类别设置模块"。

⑪　设备注油部位设置。单击菜单项："设备基本信息模块"→"设备注油部位设置模块"。

⑫　能源编码设置。单击菜单项："设备基本信息"→"能源编码设置"。

⑬　设备参数项目设置。单击菜单项："设备基本信息"→"设备参数项目设置"。

⑭　环境参数项目设置。单击菜单项："设备基本信息"→"环境参数项目设置"。

⑮　设备安全等级设置。单击菜单项："设备基本信息模块"→设备安全等级设置模块。

⑯　设备重要等级设置。单击菜单项："设备基本信息模块"→"设备重要等级设置模块"。

⑰　员工操作资质等级证书设置。单击菜单项："设备基本信息模块"→"员工操作资质等级证书设置"。

⑱　设备基本信息文档类别设置。单击菜单项："设备基本信息模块"→"设备基本信息文档类别设置模块"。

⑲　设备平面分布图。单击菜单项："设备基本信息模块"→"设备平面分布图模块"。

⑳　设备隶属设置。单击菜单项："设备基本信息模块"→"设备隶属设置模块"。

㉑　设备资金来源设置。单击菜单项："设备基本信息模块"→"设备资金来

源设置模块"。

㉒ 设备动力机类型设置。单击菜单项:"设备基本信息模块"→"设备动力机类型设置模块"。

㉓ 设备自定义类型 1\2\3 设置。单击菜单项:"设备基本信息模块"→"设备自定义类型 1 设置模块"。

（2）设备仓库设置

① 设备仓库编码设置。单击菜单项:"设备管理"→"设备库管理"→"设备仓库设置"。

② 设备入库类型设置。单击菜单项:"设备管理"→"设备库管理"→"设备入库类型设置"。

③ 设备出库类型设置。单击菜单项:"设备管理"→"设备库管理"→"设备出库类型设置"。

④ 设备调整类型设置。单击菜单项:"设备管理"→"设备库管理"→"设备调整类型设置"。

（3）设备保养和维修

① 基本设置。对设备的保养、维修类型、故障原因等进行定义,维护对不同设备进行保养或故障级别、类型的区分。

单击菜单项:"设备管理"→"设备保养和维修"→"基本设置"。

② 设备维修申请单。当设备出现故障需要维修时,由设备使用部门在维修申请功能中输入申请信息,以让相关负责设备维修事宜的部门及时安排设备的维修。

单击菜单项:"设备管理"→"设备保养和维修"→"设备维修申请单"。

③ 设备保养计划。为使得设备能够在正常状态下进行工作,企业需要对设备进行定期的保养,避免由于设备的问题导致次品的产出。

单击菜单项:"设备管理"→"设备保养和维修"→"设备保养计划"。

④ 设备保养登记。按照计划员安排的设备保养计划,在保养计划的计划时间执行设备的保养。

单击菜单项:"设备管理"→"设备保养和维修"→"设备保养登记"。

⑤ 设备维修登记。设备维修完毕,设备维修部门负责将设备维修信息输入系统。实际操作时,可以将维修申请中的记录引入后再进行登记。

单击菜单项："设备管理"→"设备保养和维修"→"设备维修登记"。

（4）设备润滑管理

设备的定期润滑工作是设备运行的后勤保障工作，也是不能缺少的日常维护工作。润滑工作看似简单，但随着企业设备数量增多，对于人的要求逐渐升高，要对每台设备在合适的时间、正确的部位添加规定牌号、数量的油品，保障设备的正常运转，需要有效的管理方法。

单击菜单项："设备管理"→"设备润滑管理"。

（5）设备事故

企业应当重视每一次出现的生产事故，设备管理者对因设备原因造成的生产事故应该登记存档。当出现因设备故障造成的生产事故时，设备管理人员要分析事故原因，提出事故的处理意见及避免事故再次发生的预防措施。

在生产过程中，若由于设备引起某些事故，企业需要对事故进行分析，以避免类似情况再次发生。通过设备事故管理模块让企业及时获知设备引入的事故情况，以及时采取应急措施。

单击菜单项："设备管理"→"设备事故"。

（6）设备库存管理

1）设备待检库操作

设备经过采购送至车间，设备管理部门及设备使用部门需要对设备进行检查和验收，以判断设备是否符合要求。这段时间内，设备处于待检库，当验收合格后，再由待检库移入设备库。设备待检库的入库操作主要由采购入库，对应冲退功能为采购入库冲退。出库操作为检验合格移入设备库，检验不合格移入退货库。

与设备库存相关的操作可以直接选择设备库存记录进行操作，选中的库存记录将被带入相关的操作功能。

设备验收合格入库是当设备检验合格后，由待检库移入设备库，入设备库的所有设备必须进行编号，且入设备库时，需要填写有关检查的结果信息，如调试、验收、移交、审核等信息。

2）设备退货库操作

设备退货库的入库操作由设备退货库移回待检库（为设备检验不合格入退货库的冲退功能），设备退货库移回设备库（为设备库移入退货库的冲退功能）。

出库有设备退货、设备退货冲退功能。设备退货后,该设备将被出库。退货冲退时,可以选择供应商,退货冲退的记录将根据选择的供应商进行过滤。

3)设备合格库操作

设备合格库可以进行入库、出库、调整的相关操作。

① 采购入库。单击菜单项:"设备管理"→"设备库管理"→"设备待检库"→"设备待检库库存操作"→"采购入库""抵款入库"。

② 采购入库冲退。当设备采购入库时,在 ERP 中入库的数量大于实际入库的数量,此时可以通过采购入库冲退将多入库的数量从 ERP 中减掉,可以通过该功能实现。单击菜单项:"设备管理"→"设备库管理"→"设备待检库"→"设备待检库库存操作"→"采购入库冲退"。

③ 盘盈。单击菜单项:"设备管理"→"设备库管理"→"设备待检库"→"设备待检库库存操作"→"盘盈"。

④ 检验合格入库。单击菜单项:"设备管理"→"设备库管理"→"设备待检库"→"设备待检库库存操作"→"检验合格入库"。

⑤ 检验不合格入退货库。当设备待检库的设备检验不合格时,需要将设备退货给供应商。区别未检验、合格及不合格的设备,需要将不合格的设备先移到退货库,以区分设备状态。等待供应商确认,再将退货库的设备退货至供应商。单击菜单项:"设备管理"→"设备库管理"→"设备待检库"→"设备待检库库存操作"→"检验不合格入退货库"。

⑥ 盘亏。单击菜单项:"设备管理"→"设备库管理"→"设备待检库"→"设备待检库库存操作"→"盘亏"。

⑦ 检验合格入库冲退。

实验 9.8　辅料管理

【实验目的】

(1)掌握网商 ERP 管理系统中辅料采购计划及总协议的相关内容;

(2)掌握辅料管理系统中收货通知单的形成及辅料库查询的操作。

【实验内容】

（1）辅料采购计划；（2）辅料采购总协议；（3）辅料采购合同；（4）辅料收货通知单；（5）辅料库查询。

【实验步骤】

（1）辅料采购计划

1）形成辅料采购计划

单击菜单项："辅料管理"→"辅料采购计划"→"形成辅料采购计划"。

输入相关数据单击"保存"按钮后退出即可。

2）辅料采购计划查询

单击菜单项："辅料管理"→"辅料采购计划单据查询""辅料采购计划明细查询""辅料采购计划应交货查询"。

如辅料采购计划单据查询，即单击菜单项："辅料管理"→"辅料采购计划"→"辅料采购计划单据查询"。

基本操作如下：

① 运行：辅料采购计划输入后的初始状态为"运行"，即辅料采购计划尚未完成。

② 关闭：即辅料采购计划交易完成，当辅料采购计划的"已交数量"≥"辅料采购计划数量"时，系统自动关闭辅料采购计划；用户也可以在辅料采购计划查询界面通过"关闭"按钮将辅料采购计划关闭。选中需要关闭的计划，单击"关闭"按钮即可。

③ 作废：表示辅料采购计划制订后由于某些原因而不再进行交易，用户只可以对整单辅料采购计划进行作废，并且该辅料采购计划未进行过任何交货。选中需要作废的计划，单击"作废"按钮即可。

④ 修改：单击"修改"按钮，将需要修改的字段值重新输入单击"保存"按钮后退出。

⑤ 删除：选中需要删除的采购计划，单击"删除"按钮即可。

⑥ 激活：处于"作废"及"关闭"状态的辅料采购计划可通过单击"激活"按钮来恢复辅料采购计划的"运行"状态，以继续进行业务活动。

（2）辅料采购总协议

1）输入辅料采购总协议

单击菜单项："辅料管理"→"辅料采购总协议"→"输入辅料采购总协议"。信息输入完成后保存退出。

2）辅料采购总协议查询

单击菜单项："辅料管理"→"辅料采购总协议单据查询""辅料采购总协议明细查询""辅料采购运行总协议查询"。

如辅料采购总协议单据查询，单击菜单项："辅料管理"→"辅料采购总协议"→"辅料采购总协议单据查询"。

基本操作如下：

① 运行：辅料采购总协议输入后的初始状态为"运行"，即辅料采购总协议尚未完成。

② 关闭：即辅料采购总协议交易完成，当辅料采购总协议的"已交数量"≥"辅料采购总协议数量"时，系统自动关闭辅料采购总协议；用户也可以在辅料采购总协议查询界面通过单击"关闭"按钮将辅料采购总协议关闭。选中需要关闭的总协议，单击"关闭"按钮。

③ 激活：处于"作废"及"关闭"状态的辅料采购总协议可通过"激活"按钮来恢复辅料采购总协议的"运行"状态，以继续进行业务活动。

④ 审核、取消审核：相对的操作，确保采购总协议可以进行后续的操作。

⑤ 删除：选中需要删除的采购总协议后，单击"删除"按钮即可。

⑥ 修改：单击"修改"，将需要修改的值填入后保存退出即可。

⑦ 转 excel：将辅料采购总协议转换为 Excel 表的形式输出。单击"转Excel"按钮，在界面中选择要导出的字段，单击"确定"按钮，在出现的界面中选择采购总协议输出后存放路径，单击"确定"按钮即可。

（3）辅料采购合同

1）输入辅料采购合同

单击菜单项："辅料管理"→"辅料采购合同"→"输入辅料采购合同"。填写好信息单击"保存"按钮后退出即可。

2）辅料采购合同查询

单击菜单项："辅料管理"→"辅料采购合同单据查询""辅料采购合同明细

查询""辅料采购合同应交货查询""辅料采购合同修改历史查询"。

如辅料采购合同单据查询,单击菜单项:"辅料管理"→"辅料采购合同"→"辅料采购合同单据查询"。

基本操作如下:

① 运行:辅料采购合同输入后的初始状态为"运行",即辅料采购合同尚未完成;

② 关闭:即辅料采购合同交易完成,当辅料采购合同的"已交数量"≥"辅料采购合同数量"时,系统自动关闭辅料采购合同;用户也可以在辅料采购合同查询界面通过单击"关闭"按钮将辅料采购合同关闭。选中需要关闭的合同,单击"关闭"按钮即可。

③ 作废:表示辅料采购合同制定后由于某些原因而不再进行交易,用户只可以对整单辅料采购合同进行作废,并且该辅料采购合同未进行过任何交货。选中需要作废的合同,单击"作废"按钮即可。

④ 删除:选中需要删除的采购合同后,单击"删除"按钮即可。

⑤ 激活:处于"作废"及"关闭"状态的辅料采购合同可通过单击"激活"按钮来恢复辅料采购合同的"运行"状态,以继续进行业务活动。

⑥ 修改:在采购合同未审核和签返时,单击"修改"按钮,将所要修改的信息输入,保存后单击"关闭"按钮即可。

⑦ 审核、签返:将查询中的辅料采购合同进行审核签返,进行后续操作。

(4)辅料收货通知单

1)形成辅料收货通知单

单击菜单项:"辅料管理"→"辅料收货通知单"→"形成辅料收货通知单"。

2)辅料收货通知单查询

单击菜单项:"辅料管理"→"辅料收货通知单单据查询""辅料收货通知单明细查询""辅料未完成收货通知单查询"。

如辅料收货通知单查询,单击菜单项:"辅料管理"→"辅料收货通知单"→"辅料收货通知单查询"。

基本操作如下:

① 删除:选中需要删除的辅料收货通知单,单击"删除"按钮即可。

② 修改：单击"修改"按钮，将所要修改的信息输入，保存后单击"关闭"按钮即可。

3）辅料收货通知单入库

单击菜单项："辅料管理"→"辅料库管理"→"入库"→"由收货通知单入辅料库"。

由收货通知单入库，引入收货通知单后单击"保存"按钮即可退出。

（5）辅料库查询

① 辅料库存明细查询

单击菜单项："辅料管理"→"辅料库管理"→"查询"→"辅料库存明细查询"。

② 辅料借用

单击菜单项："辅料管理"→"辅料库管理"→"出库"→"辅料借用"。

③ 辅料归还

单击菜单项："辅料管理"→"辅料库管理"→"出库"→"辅料归还"。

引入数据后单击"保存"按钮即可退出。

第 10 章　供应链管理

实验 10.1　风险分担

【实验目的和要求】

（1）理解风险分担（Risk pooling）的概念；

（2）掌握变异系数（Coefficient of variation）和标准差（Standard deviation）的计算；

（3）理解集中式系统（Centralized system）和分散式系统（Discentralized system）的特点；

（4）掌握连续订货策略的订货点（Reorder point）、安全库存（Safety inventory）、最优订货量（Optimal order quantity）及平均库存水平（Average inventory level）的计算。

【实验内容】

（1）阅读课本第 2 章库存管理和风险分担的 ACME 公司案例，了解实验背景；

（2）利用 Excel 软件计算变异系数和标准差的操作；

（3）比较集中式系统和分散式系统中的库存策略。

【实验仪器及器材】

计算机。

【实验背景及步骤】

（1）掌握 ACME 公司目前的库存系统中仓库的分布情况、服务水平及库存周转情况。

（2）以 ACME 公司的代表性产品 A 和 B 为例进行分析，根据分散式配送系统中两个库存所面临的 A 和 B 两个品类的历史销售数据（见表 10.1），计算每种产品的平均周需求（Weekly average demand）、周需求标准差，以及每个仓库需求的变异系数，其中：变异系数 = 标准差/平均需求。

表 10.1　产品 A 和 B 的历史销售数据

产品 A								
周	1	2	3	4	5	6	7	8
马萨诸塞州	33	45	37	38	55	30	18	58
新泽西州	46	35	41	40	26	48	18	55
总计	79	80	78	78	81	78	36	113
产品 B								
周	1	2	3	4	5	6	7	8
马萨诸塞州	0	3	3	0	0	1	3	0
新泽西州	2	4	3	0	3	1	0	0
总计	2	6	3	0	3	2	3	0

（3）计算替代策略：计算只有一个仓库的集中式配送系统中产品 A 和 B 的周平均需求、周需求标准差及变异系数。

（4）根据连续订货库存策略的特点，分别计算目前的配送系统与将要替代的集中式配送系统的平均需求、安全库存、订货点与最优订货量。

（5）对比分析两个配送系统中的平均库存和安全库存的变化。

【实验报告】

（1）基于本次案例的分析结论，请辨析风险分担的本质。

（2）请分析两种情况：两个仓库对于同一种产品的需求情况是正相关或负相关，哪种情形对于风险分担的效果更为显著。

（3）请结合本案例分析，如果决策者决定用集中式系统替换分散式系统，除了考虑库存成本的变化外，还有哪些需要因素需要权衡。请详细解释。

实验 10.2　供应合同

【实验目的和要求】

（1）理解供应合同（Supply contract）的概念；

（2）理解序贯供应链（Sequential supply chain）的特点；

（3）掌握回购合同（Buy back contract）、收入共享合同（Revenue sharing contract）、补偿合同（Pay back contract）、成本分担合同（Cost sharing contract）的决策参数；

（4）对比供应合同与全局优化（Global optimization）的优劣势。

【实验内容】

（1）了解回购合同、收入共享合同、补偿合同、成本分担合同对供应链各个参与实体的生产量、订货量及利润的影响；

（2）计算全局优化的理想情形下供应链的最优绩效。

【实验仪器及器材】

计算机。

【实验背景及步骤】

（1）阅读课本第 4 章供应合同的相关内容，了解各个类型合同的定义。

（2）结合泳装案例中零售商可能面对的市场需求情形（见表10.2），计算在没有应用供应合同情形下的序贯供应链的绩效，并给出各企业的利润函数。

表 10.2　市场需求

需求	概率	加权需求
8000	11%	880
10000	11%	1100
12000	28%	3360
14000	22%	3080
16000	18%	2880
18000	10%	1800
平均		13100

（3）分别考虑在应用了回购合同、收入共享合同、补偿合同、成本分担合同四种供应合同下的实例 4-2、4-3、4-10、4-11 中生产商和分销商的利润,并给出各企业的利润函数。

（4）基于全局优化的理念,计算并分析整条供应链的最优利润。

（5）分别对比 4 种供应合同和全局优化对供应链的绩效影响。

【实验报告】

（1）结合实验结果,讨论各类型供应合同的机理。

（2）讨论供应链所能获得的最大利润及全局优化的应用弊端。

（3）考虑适合面向库存的生产系统和面向订单的生产系统的供应合同类型。

实验 10.3　啤酒游戏

【实验目的和要求】

（1）从时间滞延、资讯不足的产销环境对产销系统的影响,深刻认识信息沟通、人际沟通的必要性;

（2）通过实训充分理解供应链管理中的库存决策和"蝴蝶效应";

（3）扩大思考的范围，了解不同角色之间的互动关系，认识到将成员关系由竞争变为合作的必要性；

（4）分析牛鞭效应（Bullwhip effect）产生的原因并提出改进措施。

【实验内容】

（1）该实验是生产与分销单一品牌啤酒的产销模拟系统。

（2）参加游戏的学生各自扮演不同的角色：零售商、批发商和制造商。在游戏中他们主要对自己的库存进行管理，即每周做一个订购多少啤酒的决策，库存决策的目标是使自己的利润最大化（费用最小化）。

（3）根据实验结果，讨论牛鞭效应产生的原因。

【实验仪器及器材】

（1）台布、扑克牌、便利贴、橡皮、铅笔、薄片；

（2）需求数据记录表；

（3）存货 – 缺货折线图；

（4）草稿纸若干。

【实验步骤】

（1）游戏中有三个角色：制造商、批发商、零售商（见图 10.1）。每组三个人，每个人扮演一个角色。

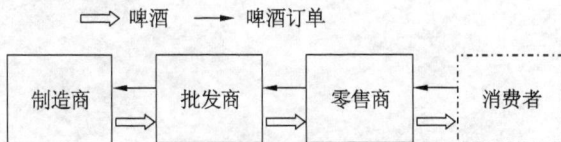

图 10.1　啤酒游戏的角色

（2）游戏周期为 30 周，每一轮就代表一周。

（3）零售商先向下游客户发货，再向上游厂商订货。

（4）批发商的责任是卖货物给零售商，同时每轮有一次向制造商订货的机会。不过，所订的货也要经过两轮才会到达批发商的仓库。

（5）制造商发货给批发商，同时每轮有一次机会下订单生产货物。每轮下的生产订单也要经过两轮才进入仓库。

（6）游戏结束后，每个角色都会生成统计明细情况表和统计总情况表，每个角色进行数据分析并画出相应折线图。

（7）分析"牛鞭效应"的产生原因。

（8）所有角色都是独立的企业，目标是使自己的利润最大化，也就是收入和成本的差值最大化。

【实验报告】

（1）结合实验需求记录表、库存记录表，分析牛鞭效应产生的原因。

（2）造成订单剧烈波动的原因是什么，如何解决或缓解这种现象。

（3）讨论可以减轻牛鞭效应的一些供应链管理策略。

第11章 《工程经济学》课程设计

11.1 设计目的

通过本课程设计,学生应基本掌握 1~2 种计算机软件在工程经济学中的应用;对于实际的工程经济问题能够建立技术经济分析模型、求解模型;能够编写实验及决策分析报告。在本课程的实验教学过程中,要求学生基本掌握运用电子表格 Excel 求解工程经济问题的能力。

(1) 掌握工程经济与财务评价基本报表的编制、相关指标的计算;

(2) 掌握运用 Excel 建立各财务报表之间的链接、运用粘贴函数计算财务评价指标的技能。

11.2 设计内容

(1) 运用 Excel 编制财务评价报表(成本费用、损益表、现金流量表),建立财务报表相关数据之间的运算关系和各财务报表之间的链接关系。

(2) 运用粘贴函数计算财务评价指标(净现值、内部收益率、静态投资收益率、动态投资回收期)。

设计内容见表 11.1。

表 11.1 设计内容

序号	设计项目	设计内容
1	电子表格 Excel 在时间价值计算中的应用	熟悉电子表格 Excel 求解工具软件包的工作界面,掌握利用电子表格 Excel 进行货币时间价值的计算、复利系数表的编制;掌握基本财务函数的利用;熟悉单变量求解、模拟运算表等工具的运用

序号	设 计 项 目	设 计 内 容
2	电子表格 Excel 在经济评价模型、不确定性分析模型中的应用；电子表格 Excel 在建设项目可行性研究中的应用	掌握电子表格 Excel 计算投资利润率、投资回收期、借款偿还期、净现值、内部收益率、盈亏平衡分析计算、敏感性分析计算。通过一个完整实例，掌握电子表格 Excel 在建设项目可行性研究中的计算分析

说明：财务指标函数的计算。

Excel 提供了丰富的函数，这些函数基本上可以归纳为 9 大类：财务函数、日期与时间函数、数学与三角函数、统计函数、查找与应用函数、数据库函数、文本函数、逻辑函数、信息函数。

Excel 提供的财务函数共包括 4 大类：计算投资的函数、计算偿还率的函数、计算折旧的函数、分析债务的函数。这些函数可以帮助我们计算相关的工程经济评价指标，而不必构造复杂的公式。

与工程项目财务评价有关的函数如下：

① pv 函数

格式：pv(rate, nper, pmt, fv, type)

作用：计算系列年金或终值的现值。

② npv 函数

格式：NPV(rate, value1, value2, …, value29)

作用：计算某一净现金流量的净现值。

注意：a. pv 函数计算的是年金现值，npv 函数中现金流量是可以变化的。b. pv 函数中现金流量的正负无特别的限制，而 npv 函数假定前几期的现金流量为负值，如果投资在第 0 年发生，那么就不应该把投资作为函数的 value 参数之一，而应该从该函数的计算结果中减去预先支付的投资额。

③ fv 函数

格式：fv(rate, nper, pmt, pv, type)

作用：计算一期现金流量或系列等额现金流量的终值。

④ pmt 函数

格式：pmt(rate, nper, pv, fv, type)

作用：计算年金。

⑤ Ipmt 函数

格式：Ipmt(rate,per,npmt,pv,fv,type)

作用：计算在指定期限内，分期定额且以固定利率偿还贷款的利息部分，以及现金流量或系列等额现金流量的终值。

函数中各参数的含义如下：

fv：终值；

nper：计算期；

per：计算利息数额的期次；

pmt：年金；

pv：现值；

rate：利率或折现率；

type：数字 0 或 1，用以制定各期的付款时间是在期初还是在期末，1 为期初，0 或省略为期末。

value1，value2，…，value 29：代表 1～29 次不相等的现金流。

（3）运用 Powerpoint 编制实验报告，掌握背景选择、颜色配置、超级链接、打印设置（提交纸质文档）。

11.3　基本数据

11.3.1　工程基本数据

项目建设期 2 年，第 1 年投入 1500 万元，第 2 年投入 1200 万元，第 3 年建成投产，并投入流动资金 900 万元，当年取得收入 5200 万元，缴纳销售税金及附加 2600 万元，第 4 年至第 12 年达到设计生产能力，每年取得收入 7400 万元，缴纳销售税金及附加 3700 万元，运行期末回收残值 210 万元，已知折现率为 10%。

11.3.2　完成下述工厂工程项目评价

（1）工程项目概述

该项目是某省重点建设项目，主要生产 HG–YL 化工原料，产品市场前景好，经技术论证可行。项目建设用地、能源供应、设备采购、原材料供应等已确立了解决的方案，建设资金筹集方式已确定。

（2）有关基本数据

① 生产规模：设计能力为 50000 吨/年。

② 项目计算期:计算期共计 15 年,其中建设期 3 年,生产期 12 年。投产后第 1 年达到生产能力的 80%,第 2 年达到设计能力。

③ 资金分年使用计划见表 11.2。

表 11.2　资金分年使用计划

时间	第 1 年	第 2 年	第 3 年	第 4 年	第 5 年
投入资金/万元	380	2000	820	368	92

④ 产品成本:正常年份总成本为 8150 万元,其中固定成本 1100 万元,可变成本 7050 万元。

⑤ 经营费用:投产第 1 年的经营费用为 4780 万元,正常生产年份的经营费用为 6500 万元。

⑥ 产品价格:2000 元/吨。

⑦ 基准收益率:10%。

⑧ 行业基准投资回收期为 9 年。

(3) 要求的评价分析

① 画出项目方案的现金流量图;

② 计算项目的动态投资回收期并对该项目进行技术经济评价;

③ 计算项目的净现值指标并对该项目进行技术经济评价;

④ 计算项目的内部收益率并对该项目进行技术经济评价;

⑤ 用盈亏平衡分析法计算该项目的盈亏平衡产量、盈亏平衡销售价格、盈亏平衡生产能力利用率并进行经济分析;

⑥ 提出相对合理的利润指标并进行技术经济分析;

⑦ 就销售价格、经营费用、生产能力利用率发生变化进行灵敏度分析。

11.4　设计报告与评价

每位学生提交一份课程设计报告,对上述数据进行处理,并运用相关理论和方法进行有效决策分析。

在设计报告中,指出自己在操作时存在的问题,并提出相应的解决方法及应注意的事项。

第 12 章 《设施规划与物流分析》课程设计

12.1 课程设计的目的和要求

12.1.1 绪论

设施规划与物流分析是工业工程专业的主干专业课程。设施规划是工业工程学科中公认的重要研究领域和分支之一。设施规划特别是其中的工厂设计着重研究工厂总平面布置、车间布置及物料搬运等内容,其目标是通过对工厂各组成部分相互关系的分析,进行合理布置,得到高效运行的生产系统,获得最佳的经济效益和社会效益。

工厂作为一个生产系统是由人员、设备、技术等多种因素所构成,整个系统的效益即总投入与总产出之比应尽可能达到最高水平。因此,工厂布置设计就是一项多因素、多目标的系统优化设计课题。

由于社会需求的多样性,生产不同产品的工厂的模式必然存在着差异,这就给工厂布置设计带来了难题。系统布置设计(SLP)方法提供了一种以作业单位物流与非物流的相互关系分析为主线的规划设计方法,采用一套表达力极强的图例符号和简明表格,通过一套条理清晰的设计程序进行工厂布置设计。这种方法为设施设计人员与生产管理人员广泛采用,实践效果良好。系统布置设计不是一种严密的设计理论,而是一套实践性非常强的设计模式和规范的设计程序。学习和掌握系统布置设计方法最有效的手段就是直接参与设计工作。

12.1.2 课程设计目的和内容

12.1.2.1 课程设计的目的

设施规划与物流分析课程设计是设施规划与物流分析课程的重要实践性教学环节,是综合运用所学专业知识,完成工厂布置设计而进行的一次基本训练。其目的是:

(1)能正确运用工业工程基本原理及有关专业知识,学会由产品入手对工厂生产系统进行调研分析的方法。

（2）通过对某工厂布置设计的实际操作,熟悉系统布置设计方法中的各种图例符号和表格,掌握系统布置设计方法的规范设计程序。

（3）通过课程设计,培养学生学会如何编写有关技术文件。

（4）通过课程设计,初步树立正确的设计思想,培养学生运用所学专业知识分析和解决实际技术问题的能力。

12.1.2.2　课程设计内容

设施规划与物流分析课程设计的主要目标是培养学生如何分析、发现现有生产厂布置方面存在的问题,并加以改善的工作能力,以及掌握完整的系统布置设计方法。为此,本课程设计包括两个阶段:一是现场调研阶段;二是给定工厂布置设计阶段。具体内容与工作量要求如下:

（1）现场调研

适当选择一个小型工厂作为研究对象,该工厂的生产类型最好属于多品种、中小批量生产,其产品品种在 5～10 种,生产部门与主要辅助部门 10 个左右。完成下列工作:

① 产品调查。分析产品构成,详细列出工厂主要产品零部件明细表。

② 生产工艺过程调查。针对 3～5 种主要产品加工工艺过程绘制详细工艺过程图,并注明各工序间物料搬运量。

③ 绘制各生产车间、仓储部门之间的物料流程图。

④ 作业单位调查。针对各种不同的部门编制相应内容的调查表。对于生产车间,主要调查产品、产量、设备类型与台数、物料流动模式、建筑物结构形式与占地面积等;对于职能管理部门,主要调查职责、人员构成、设备配备、办公室面积等;对于仓储部门,应调查储存物品、储存方式、占地面积大小等;对于辅助服务部门,主要调查工作性质、功能、占地面积大小等。当上述数据调查有困难时,可以简单地从工厂平面布置图中直接取得各部门的占地面积大小。

⑤ 绘制工厂现有平面布置图。

⑥ 对现在平面布置进行分析,找出不合理处,并提出改进意见。

（2）工厂布置设计

针对给定的工厂实例,完成下列工作:

① 产品分析,产品－产量分析,确定生产类型。

② 生产工艺过程分析,绘制工艺过程图。

③ 进行物流分析,得到物流相关表。

④ 进行作业单位相互关系分析,得到作业单位相互关系表。

⑤ 将作业单位物流相关表与非物流相互关系表加权合并,求出作业单位综合相互关系表。

⑥ 绘制作业单位位置相关图。

⑦ 绘制作业单位面积相关图。

⑧ 参考现场调研的情况,列出影响布置的修正因素与实际限制条件。

⑨ 产生三套布置方案。

⑩ 布置方案的自我评价。从物流效率、工艺流程要求及生产变化的适应性等方面对各方案进行比较,得出最佳方案。

（3）编写课程设计说明书

课程设计说明书是整个设计工作的总结,应包括现场调研报告及工厂布置设计各个阶段的工作内容。

① 现场调研报告。应包括必要的图表与文字说明,不少于 3000 字。

② 工厂布置设计说明书。应包括各阶段工作数据表格、各布置方案简图及文字说明,字数不少于 12000。

（4）图样工作量

图样是工厂布置设计的阶段成果与最终成果,包括:

① 作业单位位置相关图　　　　　　　　　　　　　　　　1 张

② 作业单位面积相关图　　　　　　　　　　　　　　　　1 张

③ 布置方案图　　　　　　　　　　　　　　　　　　　　3 张

12.1.2.3　课程设计进度计划

本课程设计计划用两周时间完成,各阶段进度计划如下。

（1）现场调研

① 产品调查　　　　　　　　　　　　　　　　　　　　　1 天

② 工艺过程调查　　　　　　　　　　　　　　　　　　　2 天

③ 现有工厂平面布置状况调查　　　　　　　　　　　　　1 天

④ 编写调研报告　　　　　　　　　　　　　　　　　　　1 天

（2）工厂平面布置设计

① 物流分析   2 天

② 作业单位相互关系分析,物流与非物流相互关系合并   1 天

③ 绘制作业单位位置相关图   1.5 天

④ 绘制作业单位面积相关图   0.5 天

⑤ 绘制布置方案图   2 天

⑥ 编写设计说明书   2 天

⑦ 准备答辩与答辩   1 天

12.1.2.4 课程设计的答辩与成绩评定

（1）答辩

学生按照设计任务书的规定要求,经过现场调研与布置设计两个阶段完成设计任务,并经指导教师审核签字同意后,在规定的时间内进行答辩。

答辩小组由主考学校或指定单位组织,以指导教师为主,由讲师、工程师以上职称人员组成,总人数不少于 3 人。

答辩时,学生自述主要设计内容 5 分钟,然后回答答辩小组成员提出的问题。每位学生的答辩时间一般为 10 分钟。

（2）成绩评定

课程设计成绩按优、良、中、及格和不及格记分。具体见评分标准。

12.2 系统布置设计

12.2.1 概述

12.2.1.1 工厂设计研究范围

设施规划与设计是一种对企业的设备、物料及人员所需空间进行合理分配和有效组合的技术,其研究对象相当广泛,不仅涉及工矿企业,还包括学校、医院、商店等各行各业。就工厂设计而言,主要包括厂址选择、工厂平面布置、物料搬运与仓储、能源管理和办公室布置等研究内容。

（1）厂址选择

新建与扩建工厂时,首先要对未来的厂址进行选择,一是要确定工厂坐落的地区,二是要确定工厂在该地区的具体位置。

关于地区的选择,一般受当地工业布局的限制及社会宏观经济的约束。

影响工厂布置的因素很多,可分为定量的成本因素和定性的非成本因素。重要的成本因素包括:运输成本;原材料的供应成本;动力能源和水的供应量及成本;土地成本和建筑成本;劳动力资源的供应量、素质及成本;其他各类社会服务成本等。

定性的非成本因素包括:当地的气候、地理环境、政策法规、社会因素及科技发展水平等,还包括环境保护、防止污染等因素。

建设新厂时,工厂的位置应尽量适应工厂未来发展的需要。对于改、扩建工厂,应充分考虑原有厂房的利用。

(2) 工厂布置

工厂布置主要包括工厂总平面布置和车间布置两个方面。

工厂总平面布置要对工厂的生产车间、物料储运部门、管理部门和生产服务部门的建筑物、场地和道路等,按照各部门之间相互关系的密切程度做出合理的安排;车间布置主要是考虑工艺过程、物流量等因素,对机器设备、运输通道等做出合理的布局。

工厂布置是工厂设计的核心内容。

(3) 物料搬运

工厂内的物料搬运涉及全厂工艺过程、搬运作业、仓库管理、信息系统等各个方面。现代物料搬运的重要特征是把物料搬运过程中的所有环节(包括运输、装卸、储存、加工、装配和包装等),当作一个整体的物流系统来考虑,并与工厂布置密切结合,使工厂物料流动与转移更趋合理,减少物料和能源消耗,缩短物料流动周期,提高产品质量,减少劳动力,最终实现系统总体效益最优化。

12.2.1.2 工厂布置的目标

任何一种系统的设计工作必须具备 4 个目标,即可行性、经济性、安全性和柔性。一家工厂就是一个复杂的生产系统,因此,工厂设计当然应追求这 4 个目标。对于工厂布置来说,主要表现在:

(1) 必须满足生产工艺过程的需要(可行性)。

(2) 减少物料搬运(经济性)。

(3) 减少设备投资(经济性)。

(4) 提高在制品的周转率(经济性)。

(5) 充分利用现有空间(经济性)。

（6）有效发挥人力及设备的生产能力（经济性）。

（7）生产系统必须具备较大的加工范围，适应多种产品的生产。当产品品种变化时，生产系统调整要简便（柔性）。

（8）维持良好的工作环境，确保操作人员舒适安全地工作（安全性）。

12.2.1.3　工厂布置的基本设计原则

为了达到上述的工厂布置目标，在根据当地规划要求确定适当的厂址位置的前提下，应根据下列原则进行工厂布置。

（1）工厂总平面布置设计原则

① 满足生产要求，工艺流程合理。工厂总体布局应满足生产要求，符合工艺过程，减少物流量，同时重视各部门之间的关系密切程度。具体布置模式有两种：

a. 按功能划分厂区，即将工厂的各部门按生产性质、卫生、防火与运输要求的相似性，将工厂划分为若干功能区段。如中、大型机械工厂的厂区，可划分为加工装配区、备料（热加工）区、动力区、仓库设施区及厂前区等。这种布置模式的优点是各区域功能明确，相互干扰少，环境条件好，但这种布置模式难以完全满足工艺流程和物流合理化的要求。

b. 采用系统布置设计模式，即按各部门之间物流与非物流相互关系的密切程度进行系统布置，因此可以避免物料搬运的往返交叉，节省搬运时间与费用。

② 适应工厂内外运输要求，线路短捷顺直。工厂总平面布置要与工厂内部运输方式相适应。根据生产产品产量特点，可以采用铁路运输、道路运输、带式运输或管道运输等运输方式。根据选定的运输方式、运输设备即技术要求等，合理地确定运输线路及与之有关的部门的位置。

厂内道路承担着物料运输、人流输送、消防通行的任务，还具有划分厂区的功能；道路系统的布局对厂区绿化、美化，排水设施布置，工程管线铺设，也有重大影响。

工厂内部运输方式、道路布局等应与厂外运输方式相适应，这也是工厂总平面布置应给予重视的问题。

③ 合理用地。节约用地是我国的一项基本国策。工业企业建设中，在确保生产和安全的前提下，应尽量合理地节约建设用地。在布置工厂总平面时可以采取如下措施：

a. 根据运输、防火、安全、卫生、绿化等要求，合理确定通道宽度及各部门建筑物之间的距离，力求总体布局紧凑合理。

b. 在满足生产工艺要求的前提下，将联系密切的生产厂房进行合并，建成联合厂房。此外，可以采用多层建筑或适宜的建筑物外形。

c. 适当预留发展用地。

④ 充分注意防火、防爆、防振与防噪声。安全生产是工厂布局首先要考虑的问题，在某些危险部门之间应留出适当的防火、防爆间距。

振动会影响精密作业车间的生产，因此精密车间必须远离振源或采用必要的隔振措施。如机械厂的精加工车间及计量部门应远离锻造车间或冲压车间。

噪声不仅影响工作，还会伤害身体健康。因此，在布置工厂总平面时要考虑防噪声问题：一是采取隔音措施，降低噪声源发出的噪声级；二是采取远离噪声源的方法。

⑤ 利用风向、朝向的自然条件，减小环境污染。生产中产生的有害烟雾和粉尘会严重影响工作人员的身体健康，并会造成环境污染。进行工厂总平面布置前，必须了解当地全年各季节风向的分布和变化转换规律，绘制成风向图，找出全年占优势的盛行风向及最小风频风向。如我国北方大部分地区春夏季盛行东南风，秋冬季盛行西北风。散发有害烟雾或粉尘的车间，应分布在两盛行风向间的最小风频风向的上风侧，如图 12.1 所示。

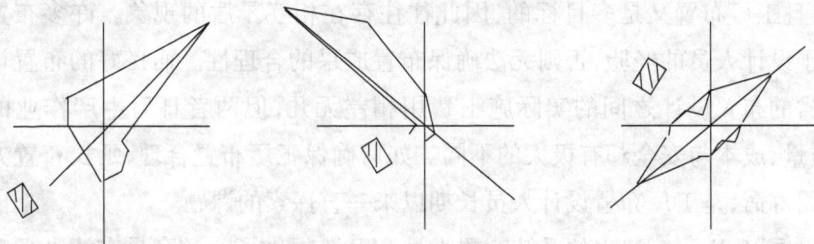

图 12.1 风向与污染源建筑物位置关系

另外，建筑物的朝向也是布置工厂总平面时应注意的问题，特别是对日照、采光和自然通风要求较高的建筑物，更应注意这个问题。

⑥ 充分利用地形、地貌、地质条件。

⑦ 考虑建筑群体的空间组织和造型，注意美学效果。

⑧ 考虑建筑施工的便利条件。

上述设计原则涉及面非常广,往往存在相互矛盾的情况,应结合具体条件分别考虑。

(2) 车间布置设计原则

① 确定设备布置形式。根据车间的生产纲领,分析产品－产量关系,从而确定生产类型是大量生产、成批生产还是单件生产,由此决定车间设备布置形式是采用流水线式、成组单元式还是机群式。

② 满足工艺流程要求。车间布置应保证工艺流程顺畅,物料搬运方便,减少或避免往返交叉物流现象。

③ 实行定置管理,确保工作环境整洁、安全。车间布置时,除对主要生产设备安排适当位置外,还需对其他所有组成部分包括在制品暂存地、废品废料存放地、检验试验用地、工人工作地、通道及辅助部门(如办公室、生活卫生设施等)安排出合理的位置,确保工作环境整洁及生产安全。

④ 选择适当的建筑形式。根据工艺流程要求及产品特点,配备适当等级的起重运输设备,进一步确定建筑物的高度、跨度、柱距及形状。

⑤ 应考虑采光、照明、通风、采暖、防尘、防噪声因素。

⑥ 具备适当的柔性,适应生产的变化。

12.2.1.4 工厂布置方法

工厂布置中需要考虑的因素很多,其中很大一部分因素不能用定量的方法表示,且工厂布置又是多目标的,因此往往存在相互矛盾的现象。许多布置都依赖于设计人员的经验,否则无法确保布置成果的合理性。而良好的布置设计与拙劣的布置设计之间的实际施工费用相差无几,但两者日后生产作业的效率、质量、成本与安全却有极大的不同。如何确保工厂布置合理、延长布置方案的使用寿命,是工厂布置设计人员长期以来一直探索的课题。

美国 R. Muther 提出的系统布置设计 SLP 法提供了一整套具有清晰条理性和严密逻辑性的分析方法。SLP 法采用作业单位间关系密级与相互关系表、图来研究各种因素对布置设计的影响,使布置设计由定性阶段发展到了定量阶段,受到广大设计人员的欢迎,在许多领域都得到了广泛应用。

12.2.2 系统布置设计(SLP)模式

12.2.2.1 系统布置设计基本要素

一般而言,工厂布置设计就是在根据社会需求确定出某些待生产的产品及其产量,以及确定厂址的前提下,完成工厂总平面布置和车间布置,提供布置方案的实施。

产品及产量由决策部门在设计纲领中做出规定;厂址的确定主要由经营决策人员根据某些社会因素、经济因素及自然条件做出决策;建厂工作则主要由土建施工人员来完成。与设施布置设计人员直接相关的任务是总平面布置和车间布置。

如图 12.2 所示,为了完成工厂总平面布置和车间布置,需要从产品 P 及产量 Q 出发,首先对产品组成进行分析,确定各零部件生产类型,制订出各零部件的加工、装配工艺流程;根据工艺流程各阶段的特点划分出生产车间,并根据生产需要设置必要的职能管理部门及附属生产与生活服务部门。整个工厂就是由生产车间、职能管理部门、附属生产及生活服务部门,以及为使生产连续进行而设置的仓储部门这几类作业单位所构成。然后,由工厂布置设计人员来完成工厂总平面布置及车间布置。

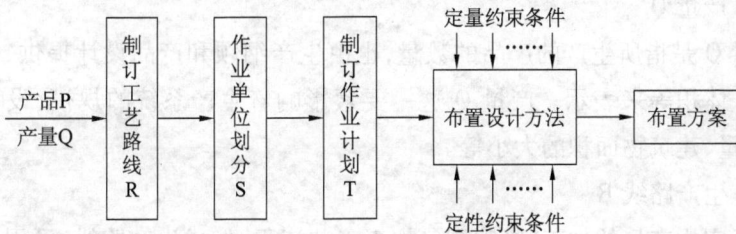

图 12.2 工厂设计过程

在图 12.2 所示的工厂设计过程中,基本给定条件(要素)为产品 P 及产量 Q,涉及除平面布置设计以外的如制订加工、装配工艺过程等多种专业技术问题,要求多种专业技术人员配合协作来完成。

为了突出平面布置设计,可把平面布置前各阶段工作的结果作为给定要素来处理,包括工艺流程 R、辅助服务部门 S 及生产时间安排 T,这样就形成了单纯的工厂布置模型,如图 12.3 所示。

在 R. Muther 提出的系统布置设计(SLP)中把产品 P、产量 Q、生产路线 R、辅助服务部门 S 及生产时间安排 T 作为给定的基本要素(原始资料),成为布置设计工作的基本出发点。

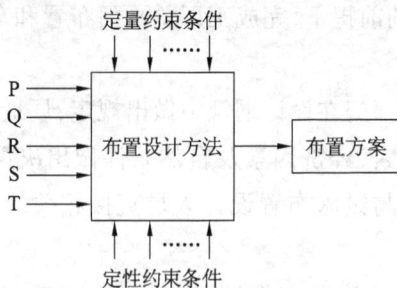

图 12.3 工厂布置模型

（1）产品 P

产品 P 是指待布置工厂将生产的商品、原材料或者加工的零件和成品等。这些资料由生产纲领和产品设计提供，包括项目、品种类型、材料、产品特性等。产品这一要素影响着生产系统的组成及其各作业单位间的相互关系、生产设备的类型、物料搬运方式等。

（2）产量 Q

产量 Q 是指所生产的产品的数量，也由生产纲领和产品设计提供，可用件数、重量、体积等来表示。产量 Q 这一要素影响着生产系统的规模、设备的数量、运输量、建筑物面积的大小等。

（3）生产路线 R

为了完成产品的加工，必须制订加工工艺流程，形成生产路线，可用工艺过程表（卡）、工艺过程图、设备表等表示。它影响着各作业单位之间的关系、物料搬运路线、仓库及堆放地的位置等。

（4）辅助服务部门 S

在实施系统布置工作以前，必须对生产系统的组成情况有一个总体的规划，可以大体上分为生产车间、职能管理部门、辅助生产部门、生活服务部门及仓储部门等；可以把除生产车间以外的所有作业单位统称为辅助服务部门 S，包括工具、维修、动力、收货、发运、铁路专用路线、办公室、食堂等，这些作业单位构成生产系统的生产支持系统部分，在某种意义上加强了生产能力。有时，辅助服务部门的占地总面积接近甚至大于生产车间所占面积，所以布置设计时应给予足够的重视。

（5）时间 T

时间要素是指在什么时候、用多少时间生产出产品,包括各工序的操作时间、更换批量的次数。在工艺过程设计中,根据时间因素确定生产所需各类设备的数量、占地面积的大小和操作人员数量,来平衡各工序的生产时间。

12.2.2.2　系统布置设计模式

任何一种系统设计过程都是反复迭代、逐步细化的寻求最优解的过程,工厂布置设计更是如此。设计步骤的正确与否往往是工厂布置设计能否成功的关键,系统布置设计 SLP 模式就是一种人们广为采用的、成功的设计方法。

系统布置设计是一种逻辑性强、条理清楚的布置设计方法,分为确定位置、总体区划、详细布置及实施 4 个阶段,在总体区划和详细布置两个阶段采用相同的 SLP 设计程序。

（1）确定位置（阶段 Ⅰ）

在新建、扩建或改建工厂或车间时,首先应确定新厂房坐落的地区位置。在这个阶段中,首先要明确待建工厂的产品、计划生产能力,参与同类工厂确定待建工厂的规模,从待选的新地区或现有工厂中确定出可供利用的厂址。

（2）总体区划（阶段 Ⅱ）

总体区划又叫区域划分,就是在已确定的厂址上规划出一个总体布局。

此阶段中,首先应明确各生产车间、职能管理部门、辅助服务部门及仓储部门等作业单位的工作任务与功能,确定其总体占地面积及外形尺寸。在确定了各作业单位之间的相互关系后,把基本物流模式和区域划分结合起来进行布置。

（3）详细布置（阶段 Ⅲ）

详细布置一般是指一个作业单位内部机器及设备的布置。

在详细布置阶段,要根据每台设备、生产单元及公用、服务单元的相互关系,确定出各自的位置。

（4）实施（阶段 Ⅳ）

在完成详细布置设计后,经上级批准可以进行施工设计,绘制大量的详细安装图,编制搬迁、安装计划,按计划进行机器设备及辅助装置的搬迁、安装施工工作。

在系统布置设计过程中,上述 4 个阶段按如图 12.4 所示的顺序交叉进行。

在确定位置阶段,就必须大体确定各主要部门的外形尺寸,以便确定工厂总体形状和占地面积;在总体区划阶段,就有必要对某些影响重大的作业单位进行较详细的布置。整个设计过程中,随着阶段的进展,数据资料逐步齐全,从而能发现前期设计中存在的问题,通过调整修正,逐步细化完善设计。

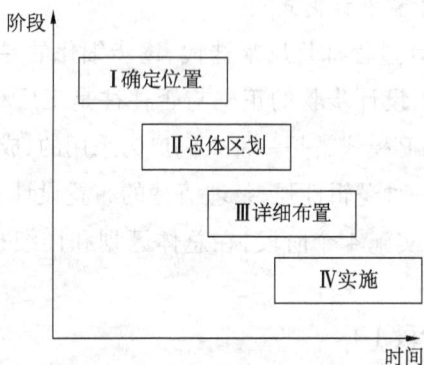

图 12.4　工厂布置的阶段结构

在系统布置设计 4 个阶段中,阶段 Ⅰ 与阶段Ⅳ由其他专业人员负责,系统布置设计人员应积极参与;阶段 Ⅱ 和阶段Ⅲ由系统布置设计人员完成。因此,可以说工厂布置包括工厂总平面布置(总体区划)及车间布置或车间平面布置(详细布置)两项内容。

在系统布置设计阶段 Ⅱ 和阶段Ⅲ,采用相同的设计步骤——系统布置设计 SLP 程序,如图 12.5 所示。

在 SLP 程序中,一般经过下列步骤:

① 准备原始资料。在系统布置设计开始时,首先必须明确给出基本要素——产品 P、产量 Q、生产工艺过程 R、辅助服务部门 S 及时间安排 T 等这些原始资料,同时也需要对作业单位的划分情况进行分析,通过分解和合并,得到最佳的作业单位划分状况。所有这些均作为系统布置设计的原始资料。

② 物流分析与作业单位相互关系分析。针对某些以生产流程为主的工厂,物料移动是工艺过程的主要部分,如一般的机械制造厂,物流分析是布置设计中最重要的方面;对某些辅助服务部门或某些物理量较小的工厂,各作业单位之间的相互关系(非物流联系)对布置设计就显得更重要;介于上述两者之间的情况,则需要综合考虑作业单位之间物流与非物流的相互关系。

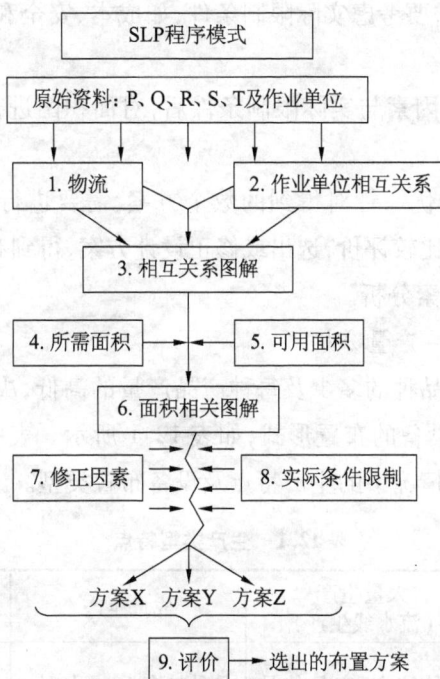

图 12.5　SLP 设计程序模式

物流分析的结果可以用物流强度等级及物流相关表来表示。非物流的作业单位间的相互关系可以用关系密级及相互关系表来表示。在需要综合考虑作业单位间物流与非物流的相互关系时,可以采用简单加权的方法将物流相关表及作业单位间相互关系表综合成相互关系表。

③ 绘制作业单位位置相关图。根据物流相关表与作业单位相互关系表,考虑每对作业单位间相互关系等级的高低,决定两作业单位相互位置的远近,得出各作业单位之间的相对位置关系,有些资料上也称之为拓扑关系。这时并未考虑各作业单位具体的占地面积,因而得到的仅是作业单位位置相关图。

④ 作业单位占地面积计算。各作业单位所需占地面积与设备、人员、通道及辅助装置等有关,计算出的面积应与可用面积相适应。

⑤ 绘制作业单位面积相关图。把各作业单位占地面积附加到作业单位位置相关图上,就形成了作业单位面积相关图。

⑥ 修正。作业单位面积相关图只是一个原始的布置图,还需要根据其他因素进行调整与修正。此时需要考虑的修正因素包括物料搬运方式、操作方式、

储存周期等,同时还需要考虑实际限制条件,如成本、安全和职工倾向等方面是否允许。

考虑了各种修正因素与实际限制条件后,对面积图进行调整,得出数个有价值的可行方案。

⑦ 方案评价与选优。针对得到的数个方案,需要进行费用及其他因素评价。通过对各方案的比较评价,选出或修正设计方案,得到布置方案图。

12.2.3 基本要素分析

12.2.3.1 产品－产量分析

企业生产的产品品种的多少及每种产品产量的高低,决定了工厂的生产类型,进而影响着工厂设备的布置形式,如表 12.1 所示。表中列出了大量生产、成批生产及单件生产情况下的生产特点及设备布置类型。

表 12.1　生产类型特点

条件	生产类型	大量生产（流水线生产）	成批生产	单件生产
需求条件	品种	品种较少,产品的品种、规格一般由企业自己决定	品种较多,产品品种、规格由企业或用户决定	品种繁多,产品品种、规格多由用户决定,产品功能有某些特殊要求
	质量	质量变动少,要求有互换性	质量要求稳定,但每批质量可以改进	每种产品都要求有自己的规格和质量标准
	产量	产量大,可以根据国家计划或市场要求预测,预先确定销售（出产）量	产量较小,可以分批轮流生产,可以根据市场预测和订货确定出产量	产量小,由顾客订货时确定产量
技术特点	设备	多采用专用设备	部分采用专用设备	采用通用设备
	工业装备	专用工艺装备	部分专用工艺装备	通用工艺装备
	工序能力	通过更换程序能够生产多种规格产品,各工序能力要平衡	通过更换程序,能够生产许多品种,主要工序能力要平衡	通过更换程序,能够生产许多品种,各工序能力不需要平衡
	运输	使用传送带	使用卡车、吊车	使用吊车、手推车
	零件互换性	互换选配	部分钳工修配	钳工修配
	标准化	原材料、零件工序和操作要求标准化	对规格化、通用化零件要求标准化	对规格化、通用化零件要求标准化

续表

生产类型 条件		大量生产 （流水线生产）	成批生产	单件生产
生产管理特点	设备布置	产品原则（对象原则）	混合原则（成组原则）	工艺原则
	劳动分工	分工较细	一定分工	粗略分工
	工人技术水平	专业操作	专业操作多工序	多面手
	计划安排	精确	比较精确	粗略、临时派工
	库存	用库存成品调节产量	用在制品调节生产	用库存原材料、零部件调节生产
	维修、保养	采用强制的或预防修理保养制度	采用预防修理保养制度	关键设备采用计划维修制，一般设备可采用事故维修
	生产周期	短	较短	长
	劳动生产率	高	较高	低
	成本	低	中	高
	生产适应性	差	较差	强

机械制造业设备布置的基本形式一般如图 12.6 所示,按产品在制造过程中的位置是否变化分为产品移动式布置和产品固定式布置两类。产品移动式布置又可分为产品原则布置、工艺原则布置及成组原则布置三种形式。

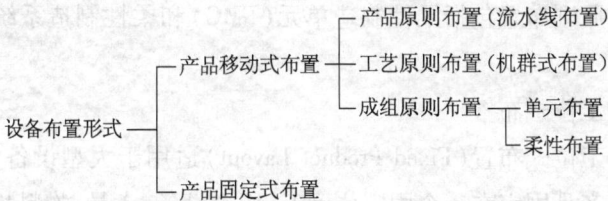

图 12.6 设备布置基本形式

每一种设备布置形式各有特点,分别适应不同的生产类型:

（1）产品原则布置

产品原则布置（Product Layout）也称为流水线布置或对象原则布置。当产品品种很少而生产数量又很大时,应按产品的加工工艺过程顺序配置设备,形成流水生产线,这是大量生产中典型的设备布置方式。由于产品原则布置是按产品的加工、装配工艺过程顺序配置各道工序所需设备、人员及物料,因此能最大限度地满足固定品种产品的生产过程对空间和时间的客观要求,生产效率非常高,单件产品生产成本低,但生产适应性及柔性差,适用于少品种大量生产。

（2）工艺原则布置

工艺原则布置（Process Layout）也称为机群式布置。这种布置形式的特点就是把同种类型的设备和人员集中布置在一个地方,如车床工段、铣床工段、刨床工段及磨床工段,就是分别把车床、铣床、刨床和磨床集中布置在一个地方。这种布置方式便于调整设备和人员,容易适应产品的变化,生产系统的柔性大大增加。但是,当工件需要多种设备进行加工时,就不得不往返于各工序之间,这就增加了产品搬运次数与搬运距离,常常带来物料交叉搬运与逆向流动的问题。这种布置形式通常适用于单件生产。

（3）成组原则布置

成组原则布置（Group Layout）又称为混合原则布置。在产品品种较多、每种产品的产量又是中等程度的情况下,将工件按其外形与加工工艺的相似性进行编码分组,同组零件用相近的工艺过程进行加工。同时,将设备成组布置,即把使用频率高的机器群按工艺过程顺序组合布置成成组制造单元,整个生产系统由数个成组制造单元构成。这种布置方式既有流水线的生产效率,又有机群式布置的柔性,可以提高设备开动率、减少物流量及加工时间。成组原则布置适用于多品种、中小批量的生产类型。

现代成组原则布置包括柔性制造单元（FMC）和柔性制造系统（FMS）两种方式。

（4）固定工位式布置

产品固定工位式布置（Fixed Product Layout）适用于大型设备如飞机、轮船的制造过程。产品固定在一个固定位置上,所需设备、人员、物料均围绕产品布置,这种布置方式在一般场合很少应用。

综上所述,产品品种的多少、产量的高低直接决定了设备布置的形式,图12.7直观反映了产品－产量与设备布置形式的关系。因此,只有对产品－产量关系进行深入分析,才能产生恰当的设备布置方式。

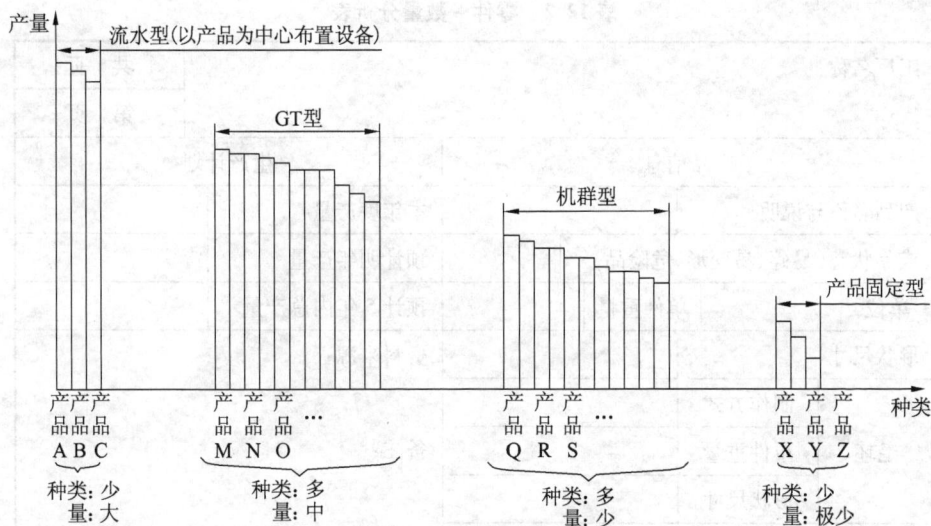

图 12.7 产品 - 产量与设备布置的关系

随着社会的进步,社会需求正向着多样化发展。因此,工厂的生产类型也趋向多品种、中小批量方向发展,只生产单一品种产品的工厂不再具有竞争力。对一个工厂而言,不同的产品的生产也不是均衡的,往往 30% 的产品品种占70% 产量。而 30% 的产量却分散在 70% 的产品品种中。准确地把握产品 - 产量的关系是工厂布置的基础。

一般,产品 - 产量分析分为两个步骤,即:① 将各种产品、材料或有关生产项目分组归类;② 统计或计算每一组或类的产品的数量。需要说明的是,产量的计算单位应该反映出生产过程的重复性,如件数、重量或体积等。

在产品 - 产量分析过程中,根据产品是零件、单一设备还是多种产品,分别采用表 12.2、表 12.3 或表 12.4 来统计产品品种与产量。然后,将产品 - 产量的关系绘制成 P - Q 曲线,如图 12.8 所示。绘制曲线时,所有产品均按产量递减顺序排列。

表 12.2 零件－数量分析表

工厂名称：				共 页
				第 页
产品信息			生产计划	
产品名称与说明			本年度产量	
成品状态（易碎、易变形、危险品）			预计明年产量	
单位		单件重量	预计 5 年内总产量	
形状尺寸			资料来源：	
毛坯	制作方式			
	单件重量		备注：	
	形状尺寸			
零件容器	毛坯：	成品		
编制（日期）	审核（日期）			

表 12.3 单一产品－数量分析表

工厂名称：					共 页	
					第 页	
产品信息				生产计划		
产品名称与说明				本年度产量		
成品状态（易碎、易变形、危险品）				预计明年产量		
单位		单件重量		预计 5 年内总产量		
形状尺寸				资料来源：		
产品包装						
主要部件						
序号	部件名称	代号	材料	状态	形状尺寸	单位重量

续表

编制(日期)	审核(日期)				

表 12.4 多种产品－数量分析表

工厂名称:											共　页

产品序号	生产名称	规格型号	成品状态	形状尺寸	单位重量	计划产量					
						本年		明年		今后5年	
						产量	比率	产量	比率	产量	比率
编制(日期)		审核(日期)									

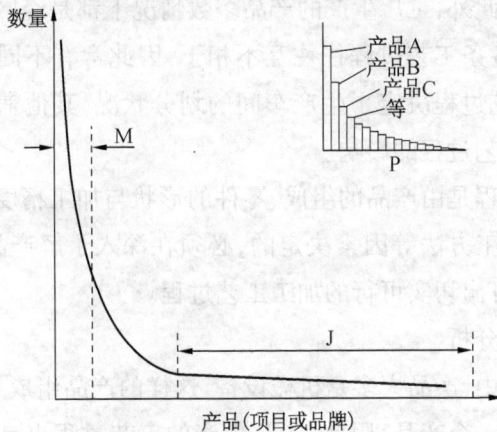

图 12.8 P－Q 曲线

如图 12.8 所示,M 区的产品适用于采用大量生产类型;J 区属于单件小批生产类型;介于 M 区与 J 区之间的产品生产类型为成批生产。

对于不同类型的产品,生产类型的划分是有区别的,表 12.5 列出了不同类型产品生产类型分类数据,可供实际工作中参考。

表 12.5　生产类型划分

产品类型	年产量(件)				
	大量生产	成批生产			单件生产
		大批	中批	小批	
重型零件	>1 000	300～1 000	100～300	5～100	<5
中型零件	>5 000	500～5 000	200～500	10～200	<10
轻型零件	>50 000	5 000～50 000	500～5 000	100～500	<100

通过 P－Q 曲线或查阅表 12.5,得出工厂生产的每件产品应采取的生产类型。

12.2.3.2　工艺过程 R 分析

如上所述,不同生产类型应采取不同的设备布置形式。对于大量生产,多采用专业设备及专用工装,按工艺过程顺序排列设备,形成高效的流水生产线;对于单件小批生产,设备按其类型及功能集中布置,以获得高的适应性,工厂生产车间的划分也是在此基础上实现的;对于成批生产,特别是按成组方式组织生产的情况,设备布置相当复杂,与产品生产工艺过程——零部件加工、装配工艺过程密切相关。此外,工厂生产的产品多数情况下都是经网络状的多条工艺过程制造出来的,各条工艺过程往往互不相干,因此常有不同的生产车间来完成。也就是说,工艺过程决定了生产车间的划分状况,其他辅助服务部门的设置也大多受生产工艺过程的影响。

产品的工艺过程是由产品的组成、零件的形状与加工精度要求、装配要求、现有加工设备与加工方法等因素决定的,必须在深入了解产品组成、各部分加工要求后,才能制订出切实可行的加工工艺过程。

（1）产品组成分析

在机械制造业中,产品大多是机械设备,这样的产品组成是很复杂的,一般有多个零部件构成一个产品,因此,产品生产的工艺过程也是因其的组成不同而千变万化。

对于每一种产品,都应由产品装配图出发,按加工、装配过程的相反顺序,对产品进行分解。完整的产品可以按其功能结构分解成数个部件(或组件),每个部(组)件又是由多个零件组合而成;有些零件可能需要自制,而另外一些零件甚至部件可能直接外购,只有需要自制的零部件才需要编制加工、装配工艺过程。

以某厂生产的电瓶叉车为例,来说明产品组成的分析过程。图 12.9 为叉车外形简图,叉车的构成可以用图 12.10 表示。为了以后分析方便,在这里给出了叉车各个组成部分的重量。

图 12.9　电瓶叉车

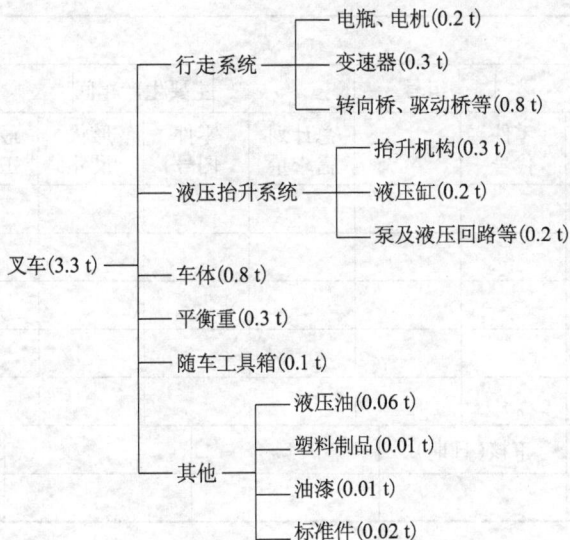

图 12.10　叉车的构成

经过产品组成分析,得到零件明细表,见表 12.6 所示。表中包括零件名称、代号、自制、外购、件数或图号等内容。如果工厂生产类型为多品种成批生产,为能方便地编制成组工艺过程,还应采用类似表 12.7 所示格式,根据零件形状尺寸的相似性及加工工艺的相似性,对不同产品的零件进行分组归类。

表 12.6　零件明细表

工厂名称：										共　页
产品名称			产品代号			计划年产量				第　页
序号	零件名称	零件代号	自制	外购	材料	总计划需求量	零件图号	外形尺寸	单件重量	说明
编制(日期)		审核(日期)								

表 12.7　零件分组表

工厂名称：									共　页
组名			组号			主要生产车间			第　页
序号	零件名称	零件代号	材料	总计划需求量	零件图号	形状尺寸	最高加工精度		说明
编制(日期)		审核(日期)							

（2）工艺过程设计

产品的工艺过程与产品的类型密切相关，不同产品及工艺过程存在着极大差别，因此，工艺过程的设计需要由专业技术人员来完成。以机械制造业为例，一种产品有不同的零部件组成，不同种类的零件加工工艺过程又不相同。如轴类零件的加工工艺过程通常采用锻—车—制齿—磨齿的工艺过程；箱体类零件一般采用锻造或焊接—铣或刨—镗孔等加工工序。在各类零件加工过程中，还需要适时安排时效处理、热处理及检验等工序。一般地，零件的加工工艺过程需要考虑零件类型、适用场合、尺寸大小、形位公差、尺寸精度、表面粗糙度要求等因素，以及现有可行的加工设备与加工方法。

制定出工艺过程后，需填写工艺路线卡，也称工艺过程卡（表），如表 12.8 所示，其中需要注明每道工序的名称、设备、标准作业时间及计算产量等。

表 12.8　机械加工过程卡（表）

厂名	产品名称及类型			零件名称		零件图号			
机械加工过程卡片	材料	名称		毛坯	类型	零件重量单位	净重		共　页
		牌号			尺寸		净重		第　页
		性能		每料件数		每台件数		每件批数	
工序号	工序内容		加工车间	设备名称及类型	工艺装备名称及编号			工人技术等级	时间定额/min
					夹具	刀具	量具		件	准备-终结
更改内容									
编制		抄写		校对		审核		批准	

对于每一个需要自制的零件都需要编制上述的工艺过程卡,对于采用成组技术的同组零件,采用同一种典型综合工艺过程来派生出各自的工艺过程,关于成组技术方面的内容,请参阅有关资料。

工艺过程卡适合于描述车间内零件的加工工艺过程。对于全厂内整个产品的加工、装配工艺过程,比较适合的描述方法是工艺过程图,这部分的内容将在本章后面讲到。

(3) 设备选择

在制订工艺过程时,必须选择加工设备。设备的类型及功能对工艺过程有很大的影响,如加工中心可以将分散在多个普通机床上的加工工序集中在一起,大大简化了工艺过程。设备选择是建厂过程中极其重要的一个组成部分,而且设备又是企业的一项长期投资,受到企业的普遍重视。设备选择应考虑以下因素:

① 可行性。所选择的设备必须满足生产要求。根据工艺过程设计可以确定工厂所需设备的加工范围、加工精度等级及生产能力要求,这些都是设备选择的基本要求。在满足这些基本要求的前提下,适当考虑生产发展的需要选定设备型号及规格。

② 经济性。在满足生产需要的前提下,经济性是设备选择的一个重要因素,应在考虑技术发展趋势下,以较低资金投入,购买一定性能的设备,以减少设备投资。

③ 可维护性。企业所使用的设备应具有较低的故障率,一旦出现故障,应尽快找出故障原因,并进行维修。另外,设备的生产厂家应能提供完善的技术服务。

设备类型确定后,按下式计算所需设备数量:

$$设备数量 = \frac{计划产量}{负荷率 \times 成品率 \times (1 - 故障率) \times \dfrac{工作时间}{单件时间}} \tag{1}$$

式(1)中,计划产量为计划周期内计划产量,如件/班或件/日等;单件工时为设备生产一件工件所需时间;工作时间是计划周期内开机时间。考虑负荷率、成品率及故障率后计算出所需设备数量。当所有设备选择完成后,应采用类似表12.9格式进行汇总,整理出设备类型、名称、型号及规格、占地面积、台数等。

表 12.9　设备明细表

| 部门名称：
主要产品：① ② ③
④ ⑤ ⑥ | | | | | | | 共　页
第　页 | |

序号	设备名称	设备型号 及规格	外形尺寸/m			占地面积 /m²	台数	生产厂家
			长度	宽度	高度			

编制（日期）		审核（日期）						

12.2.3.3　作业单位的划分

任何一个企业都是由多个生产车间、职能管理部门、仓储部门及其他辅助服务部门组成的,通常,把企业的各级组成部分统称为作业单位。每一个作业单位又可以细分为更小一级的作业单位(或称为作业单元),如生产车间可以细分成数个工段,每个工段又是由多个加工中心或生产单元构成,那么生产单元又是更小一级的作业单位。在进行工厂总平面布置时,作业单位是指车间、科室一级的部门。

一个好的企业应该有一个良好的组织结构,每个作业单位承担着明确的任务,作业单位之间既相互独立又相互联系,共同为企业整体利益服务。

(1) 生产车间

生产车间也称为生产部门,直接承担着企业的加工、装配生产任务,是将原材料转化为产品的部门。生产车间是企业的基本组成部分。

一般,根据产品的制造工艺过程的各个阶段划分生产车间。例如,机械制造厂往往设置备料车间、机加工车间和总装车间。有的还把机加工车间按工件种类及加工工艺流程的相似性分解成某些零件加工车间,如箱体车间、轴加工车间、齿轮加工车间等。这些车间分别承担某一类零件加工任务,这些零件一般可以采用相似的工艺及相同的设备进行加工。装配车间可以分为部件装配和总装两个部分,负责把零部件组装成产品。此外,根据生产性质的不同,可将热处理、铸造、锻造、焊接等热加工部门,独立划分为热处理车间、铸造车间、锻造车间和焊接车间。

采用 SLP 法进行工厂总平面布置时,需估算出每个作业单位的占地面积。对于生产车间而言,明确了工艺过程后,可采用表 12.10,考虑表中各项因素估算出占地面积。

表 12.10　生产单位占地面积计算表

部门名称: 主要产品:①_____　②_____　③_____ 　　　　　④_____　⑤_____　⑥_____										共　页 第　页
设备					工作 人数	临时 存放 面积	工作 活动 空间	面积 合计	说明	
名称	单台占 地面积	台数	生产 能力	利用 率	总占地 面积					
合计										
总计										
编制(日期)	审核(日期)									

（2）仓储面积

仓储部门包括原材料仓库、标准件和外购件库、半成品中间仓库及成品库等,是企业生产连续的保证。由于库存不但占用企业的空间,而且更重要的是占用企业大量流动资金,因此,现代企业生产都把减小库存作为经营管理方面追求的目标。

仓储部门的占地面积与物品存储量及存储方式有关,需考虑表 12.11 中的各项因素,估算仓储部门占地面积。

表 12.11　仓储部门占地面积计算表

仓储名称： 主要产品：①＿＿＿＿＿ ②＿＿＿＿＿ ③＿＿＿＿＿ ④＿＿＿＿＿ ⑤＿＿＿＿＿ ⑥＿＿＿＿＿										共　页 第　页
储放物品名称	容器	包装数量	容器占用空间	最高存储量	可用时间	放置层数	需要面积	高度	保留面积	说明
编制（日期）		审核（日期）								

（3）辅助服务部门

辅助服务部门一般可以分为辅助生产部门（如工具、生产车间）、生活服务部门（如食堂）及其他服务部门（如车库、传达室等）。

辅助生产部门承担专用公装、夹具的制造与维修任务，生产不定型，因此，一般采用机群式设备布置方式，其占地面积的估算方法与一般生产车间类似。生活服务部门也称为后勤服务部门，其占地面积大小取决于使用人数的多少及设备占地空间的大小，可以利用表 12.12 计算。

其他服务部门可参考上述表格，计算占地面积。

表 12.12　后勤部门占地面积计算表

后勤名称： 主要产品：①＿＿＿＿＿ ②＿＿＿＿＿ ③＿＿＿＿＿ ④＿＿＿＿＿ ⑤＿＿＿＿＿ ⑥＿＿＿＿＿								共　页 第　页
用途	使用设备情况				容纳使用人数	活动空间面积	空间高度要求	说明
	设备名称	数量	单台面积	总面积				
编制（日期）		审核（日期）						

（4）职能管理部门

职能管理部门包括生产、技术、质检、人事、供销等部门,负责生产协调与控制等工作。对于大、中型企业,职能管理机构通常是非常庞大的。在工厂布置设计过程中,必须给各职能部门的办公室安排出合理的占地面积,一般考虑办公室人员多少、办公用具,如写字台、文件柜等因素,估算出办公室占地面积大小,参见表12.13。

表 12.13 办公室占地面积计算表

科室名称: 主要产品:①_____ ②_____ ③_____ ④_____ ⑤_____ ⑥_____								共　页 第　页
部门名称	在编人员数量	使用设备情况				人员活动面积	保留空间面积	说明
		设备名称	数量	单台面积	总面积			
编制(日期)		审核(日期)						

工厂的办公室一般都集中安排在同一个多层办公室楼内,这样有利于减小占地面积且方便人员联系。

12.2.4 物流分析

12.2.4.1 概述

据资料统计分析,产品制造费用的 20% ~ 50% 是用作物料搬运的,而物料搬运工作量直接与工厂布置有关,有效的布置大约能减少搬运费用的 30%。工厂布置的优劣不仅直接影响着整个生产系统的运转,而且通过对物料搬运成本的影响,成为决定产品生产成本高低的关键因素之一。也就是说,在满足生产工艺流程的前提下,减少物料搬运工作量是工厂布置设计中最为重要的目标之一。因此,在实现工厂布置之前必须就生产系统各作业单位之间的物流状态做出深入的分析。

12.2.4.2 物流分析内容与方法

物流分析包括确定物料在生产过程中每个必要的工序之间移动的最有效顺序及其移动的强度与数量。一个有效的工艺流程是指物料在工艺过程中按顺序一直不断地向前移动直至完成,中间没有过多的迂回或倒流。

当物料移动成为工艺过程的主要部分时,物流分析就是工厂布置设计的核心问题。

针对不同的生产类型,应采用不同的物流分析方法。

(1) 工艺过程图。在大批量生产中,产品品种很少,用标准符号绘制的工艺过程图直观地反映出工厂生产的详细情况,此时,进行物流分析只需在工艺过程图上注明各道工序之间的物流量,就可以清楚地表现出工厂生产过程中的物料搬运情况。另外,对于某些规模较小的工厂,不论产量如何,只要产品比较单一,都可以用工艺过程图进行物流分析。

(2) 多种产品工艺过程表。在多品种且批量较大的情况下,如产品品种为 10 种左右,将各产品的生产工艺流程汇总在一张表上,就形成了多种产品工艺过程表。在这张表上各产品工艺路线并列绘出,可以反映出各个产品的物流途径。

(3) 成组方法。当产品品种达到数十种时,若生产类型为中、小批量生产,进行物流分析时,就有必要采用成组方法,按产品结构与工艺过程的相似性进行归类分组,然后对每一类产品采用工艺过程图进行物流分析;或者采用多种产品工艺过程表表示各组产品的生产工艺过程,再做进一步的物流分析。

(4) 从至表。当产品品种很多、产量很小,且零件、物料数量很大时,可以用一张方阵图表来表示各作业单位之间的物料移动方向和物流量。表中,方阵的行表示物料移动的源,称之为从;列表示物料移动的目的地,称之为至;行列交叉点标明有源到目的地的物流量。这就是从至表,从中可以看出各作业单位之间的物流状况。

如上所述,不同的分析方法应用于不同的生产类型,其目的是为了工作方便。在物流分析时,应根据具体情况选择恰当的分析方法。

12.2.4.3 物流强度

根据前面的定义,物流分析包括确定物料移动的顺序和移动量两个方面。如果通过工艺流程分析能够正确地确定各工序获作业单位之间的相互关系(前后顺序),那么各条路线上的物料移动量就是反映工序或作业单位之间密切程度的基本衡量标准。我们把一定时间周期内的物料移动量称为物料强度。对于相似的物料,可以用重量、体积、托盘或货箱作为计量单位。当比较不同性质的物料搬运状况时,各物料的物流强度大小应酌情考虑物料搬运的困难程度。

12.2.4.4　工艺过程图

任何物料在其加工过程中,有五种基本形态。

(1)操作。处于形成、处理、装配、拆卸等操作过程中。

(2)运输。处于移动或运输过程中。

(3)检验。处于计数、试验、校验或检验过程中。

(4)停滞。等待其他操作完成。

(5)储存。处于储存过程中。

用一些标准的符号直观地表示物料在加工过程中的移动状态,就形成工艺过程图。表示物料形态的基本符号见表 12.14 所示。

表 12.14　物料形态表示符号

符号	行动类别	主要结果
○	操作	生产或完成
⇨	运输	移动
□	检验	鉴定
D	停滞	干扰
▽	储存	保存

为了表示物料在移动过程中各工序间相互关系及物流量,应按图 12.11 所示绘制工艺流程图。

工艺过程图可以用来描述产品生产过程中各工序之间的关系,也可以用来描述全场各部门之间的工艺流程。在描述全厂各部门之间产品工艺流程时,用操作符号表示加工与装配等生产车间,用储存符号表示仓储部门,用检验符号表示检验、试车部门。

以生产如图 12.9 所示叉车的总装厂为例,工厂占地面积为 120000 m^2,厂区东西长约 500 m,南北宽约 280 m,年产各种叉车 3000 台。该厂主要设置如表 12.15 所示的作业单位建筑物汇总表,分别负责完成重要零部件的加工及总装工作,主要包括:变速器的加工与组装、抬升液压缸的加工、随车工具的制作、车身的加工及叉车总装等工作。其他如转向桥、驱动桥、液压回路及平衡重,由协作厂负责制造,并存放在标准件及半成品库中。

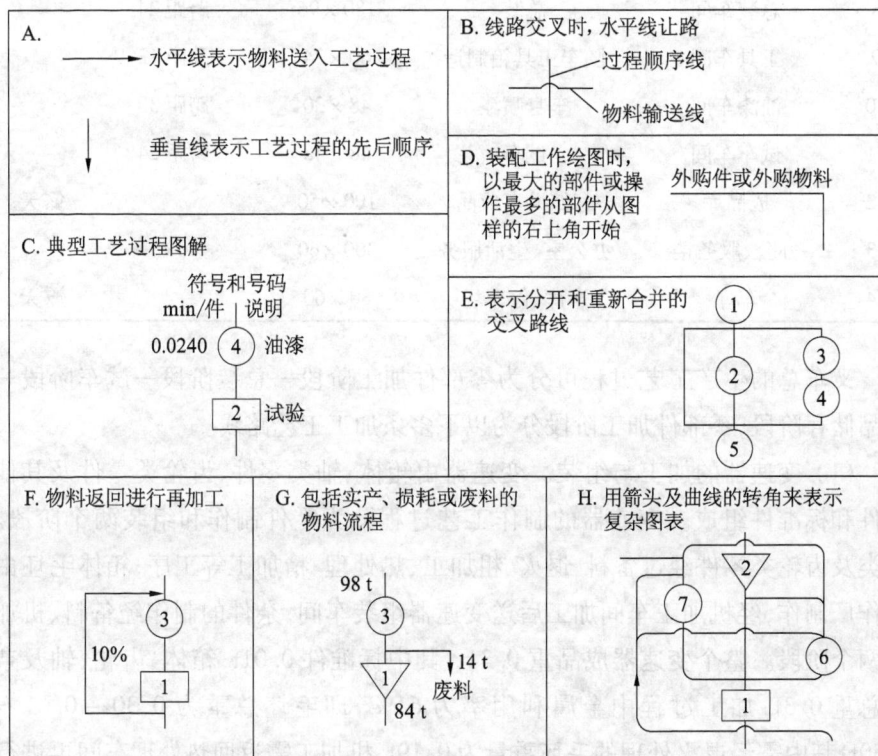

图 12.11 工艺过程图绘制图例

表 12.15 作业单位建筑物汇总表

序号	作业单位名称	用途	建筑面积/m²	结构形式/m	备注
1	原材料库	存储原材料	72×36	跨距 12	
2	油料库	存储油漆、油料	36×36	跨距 12	
3	标准、外购件物	存储标准件、半成品	48×36	跨距 12	
4	机加工车间	零件切削加工	72×36	跨距 18	

续表

序号	作业单位名称	用途	建筑面积/m²	结构形式/m	备注
5	热处理车间	零件热处理	90×30	跨距30	
6	焊接车间	车身焊接	90×30	跨距30	
7	变速器车间	变速器组装	72×36	跨距18	
8	总装车间	总装	180×96	跨距24	
9	工具车间	随车工具箱制造	60×24	跨距12	
10	油漆车间	车身喷漆	48×30	跨距30	
11	试车车间	试车	48×48	跨距24	
12	成品库	存储叉车成品	100×50		露天
13	办公、服务楼	办公室、生活服务	300×60		
14	车库	车库、停车场	80×60		露天

叉车总的生产工艺过程可分为零部件加工阶段—总装阶段—试车阶段—成品储存阶段,零部件加工阶段分为以下多条加工工艺路线。

(1)变速器的加工与组装。变速器由箱体、轴类零件、齿轮类零件及其他杂件和标准件组成。变速器的制作工艺过程分为零件制作和组装两个阶段。轴类及齿轮类零件经过备料、退火、粗加工、热处理、精加工等工序;箱体毛坯由协作厂制作,经机加工车间加工后送变速器组装车间;杂件的制作经备料、机加工两个阶段。整个变速器成品重 0.31t,其中标准件 0.01t,箱体、齿轮、轴及杂件总重 0.3t,加工过程中金属利用率为 61%,即毛坯总重为 $0.30 \div 0.61 \approx$ 0.50t;其中需经退火处理的毛坯重量为 0.19t,机加工需返回热处理车间再进行热处理的为 0.1t;整个机加工过程中金属切除率为 39%,则产生的铁屑等废料重约 $0.49 \times 0.39 \approx 0.19t$。上述变速器制作工艺过程的工艺流程图如图 12.12 所示。

(2)随车工具箱的加工。随车工具箱共重 0.1t,其中一部分经备料、退火、粗加工、热处理、精加工等工艺流程完成加工,而另一部分只进行简单的冲压加工即可。随车工具箱的加工工艺过程图如图 12.13 所示。

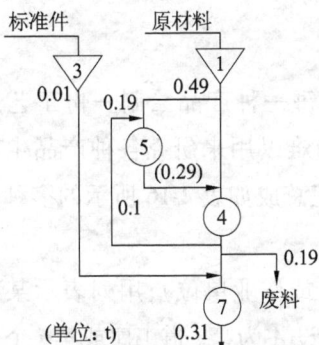

图 12.12　变速器工艺过程图

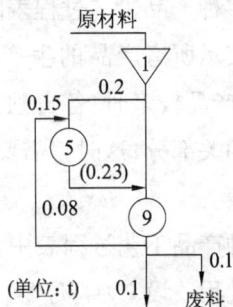

图 12.13　随车工具箱工艺过程图

（3）车体加工。车体为焊接件,经备料、焊接、喷漆完成加工。车体工艺过程如图 12.14 所示。

（4）液压缸加工。液压缸经备料、退火、粗加工、热处理、精加工等工序完成加工,其工艺过程图如图 12.15 所示。

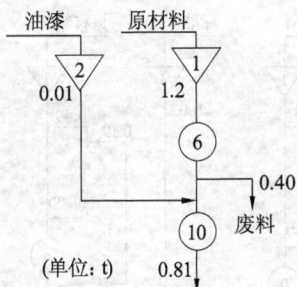

图 12.14　车体工艺过程图

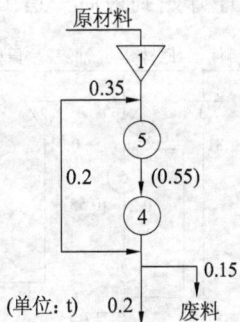

图 12.15　液压缸工艺过程图

将上述机加工阶段与总装、试车、成品储存阶段工艺过程图绘制在一起,就得到了叉车总装厂全厂工艺过程图,如图 12.16 所示。该图清楚地表示出叉车生产的全过程及各作业单位之间的物流情况,为进一步深入的物流分析奠定了基础。

需要说明的是,若要计算全年的物流量,图 12.16 中的各数据还需乘以全年叉车总量。

12.2.4.5 多种产品工艺过程表

（1）多种产品工艺过程表的形式

为了表示所有产品的生产过程,就需要为每一种产品绘制一份工艺过程图,但是当产品较多时,各自独立的工艺过程图难以用来研究各种产品生产过程之间的相关部分,这时就需要把工艺过程图汇总成如表2-16所示的多种产品工艺过程表。

在多种产品工艺过程表中,用行表示工序(或作业单位);用列表示某种产品的工艺过程。设 i 为行序号,则 $i=1,2,\cdots,l$,设 A 为第 i 道工序或第 i 个作业单位;设 j 为列序号,则 $j=1,2,\cdots,m$,设 P_j 为第 j 种产品,又设 R_j 为产品 P_j 第 k 道工序,则有某一个 i,使得

$$R_j = A, k = 1, 2, \cdots, n_j$$

即 P_j 的第 k 道工序是工序 A_i,那么,在多种产品工艺过程表中,第 i 行、第 j 列的交点应注明 k,并用箭线将同一种产品的多道工序联系起来,沿着箭头的指向,由第一道工序开始到最后一道工序为止,形成该产品的工艺流程。

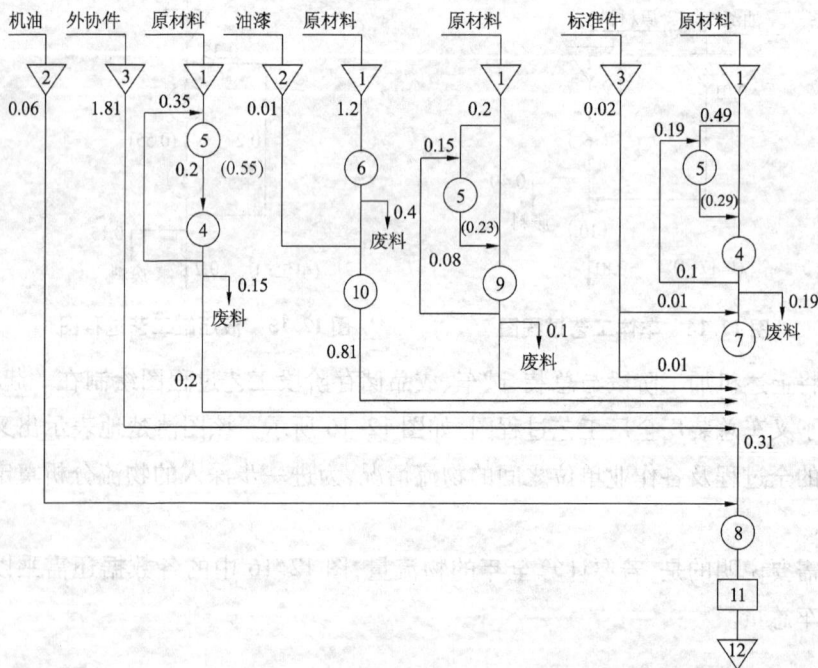

图 12.16　叉车生产工艺过程图

表 12.16　多种产品工艺过程表实例

零件名称	凸轮	法兰盘	轴	弹簧套
重量/kg	15.0	6.0	3.0	1.0
计划班产量（件）	10	20	60	6
工艺流程	1. 锯床下料 2. 车床车外圆、内孔 3. 立铣铣外形 4. 热处理 5. 内圆磨磨内孔 6. 外圆磨磨圆弧 7. 检验	1. 锯床下料 2. 车床车外圆、内孔 3. 钻床钻孔 4. 立铣铣边 5. 检验	1. 钻床钻顶尖孔 2. 车床车外圆 3. 卧铣铣键槽 4. 热处理 5. 外圆磨磨外圆 6. 检验	1. 车床车外圆、内孔 2. 钻床钻孔 3. 卧铣铣槽 4. 热处理 5. 外圆磨磨外圆 6. 内圆磨磨内孔 7. 检验

对于某一产品 P_j，若其任意相邻两道工序分别为 R_{jk} 和 R_{jk+1}，且有

$$R_{jk} = A_{i1}, \quad R_{jk+1} = A_{i2}$$

式中，i_1，i_2 分别为多种产品工艺过程表中可能的两个工序（作业单位）序号，则有如下几种情况：

① 若 $i_2 = i_1 + 1$，即产品 P_j 的两道相邻工序 R_{jk} 和 R_{jk+1} 为多种产品工艺过程表中的相邻两行工序；也就是说，R_{jk} 和 R_{jk+1} 由多种产品工艺过程表中两个相邻作业单位顺序完成，此时称工序 R_{jk} 直接正向进入下道工序 R_{jk+1}，且由 R_{jk} 到 R_{jk+1} 的物料移动为直接正向移动。这是一种最理想的情况，用权值 $D_{jk} = +2$ 表示。

② 若 $i_2 > i_1 + 1$，即 R_{jk} 与 R_{jk+1} 在多种产品工艺过程表中不相邻，且 R_{jk+1} 在 R_{jk} 之后，此时称工序 R_{jk} 旁路正向进入下道工序 R_{jk+1}，且由 R_{jk} 到 R_{jk+1} 的物料移动为旁路正向移动。这是一种较理想的情况，用权值 $D_{jk} = +1$ 表示。

③ 若 $i_2 = i_1 - 1$，即 R_{jk+1} 在多种产品工艺过程表中位于 R_{jk} 前一行，则称工序 R_{jk} 原路退回进入下道工序 R_{jk+1}，且由 R_{jk} 到 R_{jk+1} 发生物料原路倒流现象。这是一种不理想的情况，用权值 $D_{jk} = -1$ 表示。

④ 若 $i_2 < i_1 - 1$，即 R_{jk+1} 在多种产品工艺过程表中位于 R_{jk} 前数行，则称工序 R_{jk} 旁路退回进入下道工序 R_{jk+1}，且由 R_{jk} 到 R_{jk+1} 发生物料旁路倒流现象。这是一种最不理想的情况，用权值 $D_{jk} = -2$ 表示。

如果在多种产品工艺过程表中作业单位顺序排列合理,使表中各产品倒流物流强度最小,就可以按表中顺序布置作业单位,即得到一种理想的作业单位布置方案。因此,应通过交换多种产品工艺过程表中各作业单位之间的顺序,尽可能减小倒流物流强度及减少物流倒流情况。

设 W_{jk} 为产品 P_j 的工序 R_{jk} 与 R_{jk+1} 之间的物流强度,D_{jk} 为其物流方向加权值,则多种产品工艺过程表中物流顺流程度 W 可用下式计算:

$$W = \sum_{j=1}^{m} \sum_{k=1}^{n_j-1} D_{jk} W_{jk} \qquad (2)$$

式(2)中,$j = 1,2,\cdots,m$ 为产品序号;$k = 1,2,\cdots,n_j$ 为工序序号;n_j 为 P_j 的工序总数。

通过交换多种产品工艺过程图中的工序(作业单位)顺序,可以使 W 取得最大值,即 $W = W_{max}$,这说明此时多种产品工艺过程表物流顺流程度最大,物流倒流程度最小,工序(作业单位)排列为最佳顺序。由此可以看出,求解作业单位之间的排列顺序是一个最优化过程。

(2)作业单位最佳顺序的求解

作业单位最佳顺序的求解可以应用线性规划等数学方法来实现,也可以采取下列步骤,人工近似求解作业单位的最佳顺序。

① 按照各产品的物流强度大小顺序,在多种产品工艺过程表中由左到右排列产品工艺过程,即最边的产品物流强度最大,由左向右物流强度递减。对于零件加工生产而言,可以用生产周期内产量与零件重量的乘积作为产品的物流强度。

② 从各产品的工艺过程图中选出下道工序,若为第一道工序,则将最左边产品的第一道工序安排为多种产品工艺过程表中第一道工序行(作业单位);否则,按同名工序将产品分组,计算各组产品由上道工序到该道工序的物流强度之和,然后按物流强度之和的大小顺序,由大到小依次在多种产品工艺过程表中设置新的工序(作业单位)。若该工序(作业单位)已存在,则不重复设置,此时,凡经过该工序(作业单位)的产品就会出现物流倒流现象。

③ 重复步骤②,直至所有产品工艺过程均已结束。

④ 调整工序顺序,得到最佳顺序。针对物流原路倒流与旁路倒流情况,通过交换出现倒流情况的两道工序顺序,比较交换前后物流倒流程度 W 的大小。

若 W 增加,则保留交换后工序顺序,否则不做交换。经过多次交换就可以得到较佳的工序(作业单位)顺序。

(3) 多种产品工艺过程表的建立

以某一小型机加工车间为例,阐述多种产品工艺过程表的建立过程。该车间主要生产 4 种零件,其重量、班计划产量及工艺流程如表 12.16 所示。

由表中可知,4 种零件工艺过程共经过 9 个工位,包括车床、卧铣、立铣、钻床、热处理、内圆磨床、外圆磨床、锯床及检验,该车间的多种产品工艺过程表中共有上述 9 个工序行(作业单位)。

① 计算各产品的物流强度。轴为 180 kg/班,凸轮为 150 kg/班,法兰盘为 120 kg/班,弹簧套为 6 kg/班。物流强度大小顺序为轴、凸轮、法兰盘和弹簧套。

② 找出各零件的第 1 道工序,分别为钻床、锯床、锯床、车床。按物流强度大小顺序,排列出工序为钻床、锯床和车床。

③ 取第 2 道工序,分别为车床、车床、车床和钻床。因为这些工序均已出现在多种产品工艺过程表中,故不再重复。

④ 取第 3 道工序,分别为卧铣、立铣、钻床、卧铣。分成卧铣组,包括轴及弹簧套;立铣组只有凸轮一种零件;钻床组只有法兰盘一种零件。各组物流强度分别是:卧铣组为 $180 + 6 = 186$ kg、立铣组为 150 kg、钻床组为 120 kg,按大小优先排列卧铣,而后排列立铣,最后排列钻床。因钻床已经出现,故不再重复。

⑤ 取第 4 道工序,分别为热处理、热处理、立铣、热处理。分为热处理组及立铣组,物流强度分别为 $180 + 150 + 6 = 336$ kg 和 120 kg,优先排列热处理,而后排列立铣。因立铣已排列,故不再重复。

⑥ 取第 5 道工序,分别为外圆磨、内圆磨、检验和外圆磨。分成外圆磨组、内圆磨组和检验组,物流强度分别为 $180 + 6 = 186$ kg、150 kg 和 120 kg。按大小优先排列外圆磨,而后是内圆磨,最后是检验。

⑦ 取后面各道工序,因均已出现,故不再重复。

至此,已得到初始多种产品工艺过程表,如表 12.17 所示。考虑各产品的工序之间的物流状况,取得不同的加权值。经过求和,求出表 12.17 的物流顺流程度 W 为 2436 kg。

⑧ 尝试交换存在物流倒流情况的工序顺序,如选择工序 1 和 3、工序 7 和 8 交换顺序。经计算知,不能增大物流顺序程度;尝试交换工序 1 和 2 的先后顺

序,计算出物流顺流程度 $W = 2472$ kg。

表 12.17　初始多种产品工艺过程表　　kg

工序 序号	名称	轴 流程	D_{jk}	凸轮 流程	D_{jk}	法兰盘 流程	D_{jk}	弹簧套 流程	D_{jk}
1	钻床	①	1			③	1	②	1
2	锯床			①	2	①	2		
3	车床	②	2	②	1	②	-2	①	-2
4	卧铣	③	1					③	1
5	立铣			③	2	④	1		
6	热处理	④	2	④	1			④	2
7	外圆磨	⑤	1	⑥	1			⑤	2
8	内圆磨			⑤	-1			⑥	2
9	检验	⑥		⑦		⑤		⑦	
$\sum_{k=1}^{n_j-1} D_{jk}W_{jk}$		$7 \times 180 =$ 1260		$6 \times 150 =$ 900		$2 \times 120 =$ 240		$6 \times 6 =$ 36	
W					2436				

⑨ 经过进一步试探,发现物流顺序程度不再增加,则得到了最佳顺序的多种产品工艺过程表,如表 12.18 所示。

表 12.18　最佳顺序多种产品工艺过程表　　kg

工序 序号	名称	轴 流程	D_{jk}	凸轮 流程	D_{jk}	法兰盘 流程	D_{jk}	弹簧套 流程	D_{jk}
1	锯床			①	1	①	1		
2	钻床	①	2			③	1	②	1
3	车床	②	2	②	1	②	-1	①	-1
4	卧床	③	1					③	1
5	立铣			③	2	④	1		
6	热处理	④	2	④	1			④	2
7	外圆磨	⑤	1	⑥	1			⑤	2
8	内圆磨			⑤	-1			⑥	2
9	检验	⑥		⑦		⑤		⑦	
$\sum_{k=1}^{n_j-1} D_{jk}W_{jk}$		$8 \times 180 =$ 1440		$5 \times 150 =$ 750		$2 \times 1202 =$ 240		$7 \times 6 =$ 42	
W					2472				

12.2.4.6 从至表

当研究的产品、零件或物料品种数量非常多时,用从至表研究物流状况非常方便,如表 12.19 所示。从至表是一个方阵表格,以一定顺序按行排列物料移动的起始作业单位(工序),以相同顺序按列排列物料移动的终止作业单位(工序),行、列相交的方格中记录从起始作业单位到终止作业单位的各种物料搬运量的总和,有时也可同时注明物料种类代号。

表 12.19　从至表　　　　　　　　　　　　　t

生产部门:杂件车间　　　　　　　　　　　　　　　共 1 页

主要产品:① 轴　② 拨叉　③ 套筒　④ 盘　⑤ _____　⑥ _____　第 1 页

从 \ 至		1 毛坯库	2 铣床	3 车床	4 钻床	5 镗床	6 磨床	7 冲床	8 内圆磨床	9 锯床	10 检验台	合计
序号	名称											
1	毛坯库		2	8		1		4		2		17
2	铣床			1	2		1			1	1	6
3	车床		3		6		1				3	13
4	钻床					1		2	1		4	8
5	镗床						1					1
6	磨床					1					2	3
7	冲床										6	6
8	内圆磨床										1	1
9	锯床		1	1			1					3
10	检验台											
合计		0	6	13	8	1	3	6	1	3	17	58

编制(日期)	审核(日期)	

当物料沿着作业单位排列顺序正向移动时,即没有倒流物流时,从至表中只有上三角方阵有数据,这是一种理想状态。当存在物流倒流现象时,倒流物流量出现在从至表中的下三角方阵中,此时,从至表中任何两个作业单位之间的总物流量(物流强度)等于正向物流量与逆向(倒流)物流量之和。

12.2.4.7 物流分析与物流相关表

综上所述,P – Q 关系决定了所采用的初步物流分析的形式:当产品品种很少且产量很多时,应采用工艺过程图进行物流分析;随着产品品种的增加,可以利用多种产品工艺过程表或从至表来统计具体物流量大小。在采用 SLP 法进行工厂布置时,不必涉及各作业单位对间具体的物流强度,而是通过划分等级的方法研究物流状况。在此基础上,引入物流相关表,以简洁明了的形式表示工厂总体物流状况。

(1) 物流强度等级

由于直接分析大量物流数据比较困难,且没必要,SLP 中将物流强度转化成 5 个等级,分别用符号 A、E、I、O、U 表示,其物流强度逐渐减小,对应着超高物流强度、特高物流强度、较大物流强度、一般物流强度和可忽略搬运 5 种物流状况。作业单位对或称为物流路线的物流强度等级,应按物流路线比例或承担的物流量比例来确定,可参考表 12.20 来划分。

表 12.20 物流强度等级划分表

物流强度等级	符号	物流路线比例/%	承担物流量比例/%
超高物流强度	A	10	40
特高物流强度	E	20	30
较大物流强度	I	30	20
一般物流强度	O	40	10
可忽略搬运	U		

针对上述叉车总装厂的实例,讨论物流强度等级划分的具体步骤。首先根据工艺过程图 12-16,利用表 12-21 来统计存在物料搬运的各作业单位间的物流量,应注意必须采用统一的计量单位来统计物流强度。然后将表 12-21 中各作业单位对按物流强度大小排序,绘制成物流强度分析表(见表 12-22),进行物流分析,划分出物流强度等级。表 12-21 和表 12-22 中未出现的作业单位对不

存在固定的物流,因此物流强度等级定为 U 级。

表 12.21　物流强度汇总表

序号	作业单位对(路线)	物流强度	序号	作业单位对(路线)	物流强度	序号	作业单位对(路线)	物流强度
1	1－4	0.3		——			——	
2	1－5	0.69		——			——	
3	1－6	1.2		——			——	
4	2－10	0.01		——			——	
5	2－11	0.06		——			——	
6	3－7	0.01		——			——	
7	3－8	1.82		——			——	
8	4－5	1.14		——			——	
9	4－7	0.3		——			——	
10	4－8	0.2		——			——	
11	5－9	0.31		——			——	
12	6－10	0.8		——			——	
13	7－8	0.31		——			——	
14	8－9	0.1		——			——	
15	8－10	0.81		——			——	
16	8－11	3.24		——			——	
17	8－12	3.3		——			——	
	——			——				
	——			——				
	——			——				

表 12.22　物流强度分析表

序号	作业单位对（路线）	物流强度 1 2 3 4 5	物流强度等级
1	11—12		A
2	8—11		A
3	3—8		E
4	1—6		E
5	4—5		E
6	8—10		E
7	6—10		E
8	1—5		E
9	5—9		I
10	7—8		I
11	1—4		I
12	4—7		I
13	4—8		O
14	8—9		O
15	2—11		O
16	2—10		O
17	3—7		O

（2）物流相关表

为了能够简单明了地表示所有作业单位间物流的相互关系,仿照从至表结构构造一种作业单位之间物流相互关系表,称为原始物流相关表,如表 12.23 所示。在表中不区分物料移动的起始与终止作业单位,在行与列的相交方格中填入行作业单位与列作业单位间的物流强度等级。因为行作业单位与列作业单位排列顺序相同,所以得到的是右上三角矩阵表格与左下三角矩阵表格对称的方阵表格,舍掉多余的左下三角矩阵表格,将右上三角矩阵变形,就得到了

SLP 中著名的物流相关表,如表 12.24 所示。

进行工厂布置时,物流相关表中物流强度等级高的作业单位间的距离应尽量减小,即互相接近。

表 12.23 原始物流相关表

作业单位序号	作业单位名称	1 原材料	2 油料库	3 标准、外购件库	4 机加工车间	5 热处理车间	6 焊接车间	7 变速器车间	8 总装车间	9 工具车间	10 油漆车间	11 试车车间	12 成品库	13 办公服务楼	14 车库
1	原材料库		U	U	I	E	E	U	U	U	U	U	U	U	U
2	油料库	U		U	U	U	U	U	U	U	O	O	U	U	U
3	标准、外购件库	U	U		U	U	U	O	E	U	U	U	U	U	U
4	机加工车间	I	U	U		E	U	I	O	U	U	U	U	U	U
5	热处理车间	E	U	U	E		U	U	U	I	U	U	U	U	U
6	焊接车间	E	U	U	U	U		U	U	U	E	U	U	U	U
7	变速器车间	U	U	O	I	U	U		I	U	U	U	U	U	U
8	总装车间	U	U	E	O	U	U	I		O	E	A	U	U	U
9	工具车间	U	U	U	U	I	U	U	O		U	U	U	U	U
10	油漆车间	U	O	U	U	U	E	U	E	U		U	U	U	U
11	试车车间	U	O	U	U	U	U	U	A	U	U		A	U	U
12	成品库	U	U	U	U	U	U	U	U	U	U	A		U	U
13	办公服务楼	U	U	U	U	U	U	U	U	U	U	U	U		U
14	车库	U	U	U	U	U	U	U	U	U	U	U	U	U	
15															
16															

表 12.24　作业单位物流相关表

序号	作业单位名称													
1	原材料库	U												
2	油料库	U	I											
3	标准、外购件库	U	U	E										
4	机加工车间	U	U	U	U									
5	热处理车间	E	U	U	U									
6	焊接车间	U	I	U	E	U								
7	变速器车间	U	U	I	U	U	O	U						
8	总装车间	I	U	U	U	U	U	U						
9	工具车间	O	E	U	U	U	U	U	U					
10	油漆车间	U	A	U	U	U	U	U	U					
11	试车车间	U	U	U	U	U	U	U						
12	成品库	A	U	U										
13	办公服务楼	U	U	U										
14	车库	U	U											

12.2.5　作业单位相互关系分析

当物流状况对企业的生产有重大影响时,物流分析就是工厂布置的重要依据。但是,也不能忽视非物流因素的影响,尤其是当物流对生产影响不大或没有固定的物流时,工厂布置就不能依赖于物流分析,而应当考虑其他因素对各作业单位间相互关系的影响。

12.2.5.1　作业单位相互关系的决定因素及相互关系等级的划分

在 SLP 中,产品 P、产量 Q、工艺过程 R、辅助服务部门 S 及时间安排 T 是影响工厂布置的基本要素;P、Q 和 R 是物流分析的基础;P、Q 和 S 则是作业单位相互关系分析的基础。同时,T 对物流分析与作业单位相互关系分析都有影响。

作业单位间相互关系的影响因素与企业的性质有很大关系,不同的企业,作业单位的设置是不一样的,作业单位间相互关系的影响因素也是不一样的。作业单位相互关系密切程度的典型影响因素,一般可以考虑:① 物流;② 工作流程;③ 作业性质相似;④ 使用相同的设备;⑤ 使用同一场地;⑥ 使用相同的文件档案;⑦ 使用相同的公用设施;⑧ 使用同一组人员;⑨ 工作联系频繁程度;⑩ 监督和管理方便;⑪ 噪声、振动、烟尘、易燃易爆危险品的影响;⑫ 服务的频繁和紧急程度等方面。

据 R. Muther 在 SLP 中建议,每个项目中重点考虑的因素不应超过 8～10 个。

确定了作业单位相互关系密切程度的影响因素以后,就可以给出各作业单位间关系密切程度等级,在 SLP 中作业单位间相互关系密切程度等级划分为 A、E、I、O、U、X;其含义及参考比例如表 12.25 所示。

表 12.25　作业单位相互关系等级

符号	含义	说明	比例/%
A	绝对重要		2～5
E	特别重要		3～10
I	重要		5～15
O	一般密切程度		10～25
U	不重要		45～80
X	负的密切程度	不希望接近	酌情而定

12.2.5.2　作业单位相互关系表

作业单位相互关系密切程度的评价,可以由布置设计人员根据物流计算、个人经验,或者与有关作业单位负责人讨论后进行判断;也可以把相互关系统计表格发给作业单位负责人填写;或者由有关负责人开会讨论决定,由布置设计人员记录汇总。作业单位相互关系分析的结果,最后要经主管人员批准。

在评价作业单位相互关系时,首先应制订出一套"基准相互关系",其他作业单位之间的相互关系,通过对照"基准相互关系"来确定。表 12.26 给出的基准相互关系可供实际工作中参考。

确定各作业单位相互关系密切程度后,利用与物流相关表相同的表格形式,建立作业单位相互关系表。表中的每一个菱形框格填入相应的两个作业单位间的相互关系密切程度等级,上半部用密切程度等级符号标志密切程度;下半部用数字表示确定密切程度等级的理由。

针对前述叉车总装厂,选择如表 12.27 所示作业单位相互关系影响因素。在此基础上建立如表 12.28 所示的非物流的各作业单位相互关系表。

表 12.26　基准相互关系

字母	一对作业单位	密切程度的理由
A	钢材库和剪切区域 最后检查和包装 清理和油漆	搬运物料的数量 类似的搬运问题 损坏没有包装的物品 包装完毕以前检查单不明确 使用相同人员,公用设施,管理方式,形式相同的建筑物
E	接待和参观者停车处 金属精加工和焊接 维修和部件装配	方便,安全 搬运物料的数量和形状 服务的频繁和紧急程度
I	剪切区和冲压机 部件装配和总装配 保管室和财会部门	搬运物料的数量 搬运物料的体积,共用相同的人员 报表运送,安全,方便
O	维修和接收 废品回收和工具室 收发室和厂办公室	产品的运送 共用相同的设备 联系频繁程度
U	维修和自助食堂 焊接和外接购件仓库 技术部门和发运	辅助服务不重要 接触不多 不常联系
X	焊接和油漆 焚化路和主要办公室 冲压车间和工具车间	灰尘,火灾 烟尘,臭味,灰尘 外观,震动

表 12.27　叉车总厂作业单位间相互关系密集理由

密码	理由
1	工作流程的连续性
2	生产服务
3	物料搬运
4	管理方便
5	安全及污染
6	公用设备及辅助动力源
7	振动
8	人员联系

表 12.28　非物流作业单位相互关系表

序号	作业单位名称
1	原材料库
2	油料库
3	标准、外购件库
4	机加工车间
5	热处理车间
6	焊接车间
7	变速器车间
8	总装车间
9	工具车间
10	油漆车间
11	试车车间
12	成品库
13	办公服务楼
14	车库

12.2.5.3　作业单位综合相互关系表

（1）作业单位综合相互关系表建立步骤

在大多数工厂中，各作业单位间既有物流联系也有非物流联系，两作业单位之间的相互关系应包括物流关系与非物流关系，因此在 SLP 中，要将作业单位间物流的相互关系与非物流的相互关系进行合并，求出合成的相互关系——综合相互关系，然后从各作业单位间的综合相互关系出发，实现各作业单位的合理布置。一般，按照下列步骤求得作业单位综合相互关系表：

① 进行物流分析，求得作业单位物流相关表。

② 确定作业单位间非物流相互关系影响因素及等级，求得作业单位相互关系表。

③ 确定物流与非物流相互关系的相对重要性。一般来说，物流与非物流相互关系的相对重要性比值 $m:n$ 不应超过 $1:3\sim3:1$。当比值小于 $1:3$ 时，说明物流对生产的影响非常小，工厂布置时只需考虑非物流的相互关系；当比值大于 $3:1$ 时，说明物流关系占主导地位，工厂布置时只需考虑物流相互关系的影响。实际工作中，根据物流与非物流相互关系的相对重要性，取 $m:n=3:1,2:1,1:1,1:2,1:3$。$m:n$ 称为加权值。

④ 量化物流强度等级和非物流的密切程度等级。一般，取 $A=4,E=3,I=$

$2, O = 1, U = 0, X = -1$。

⑤ 计算量化的作业单位综合相互关系。设任意两个作业单位分别为 A_i 和 A_j，其物流相互关系等级为 MR_{ij}，非物流的相互关系密切程度等级为 NR_{ij}，则作业单位 A_i 与 A_j 之间的综合相互关系密切程度 TR_{ij} 为

$$TR_{ij} = mMR_{ij} + nNR_{ij}$$

⑥ 综合相互关系等级划分。TR_{ij} 是一个量值，需要经过等级划分，才能建立与物流相关表相似的、符号化的作业单位综合相互关系表。综合相互关系的等级划分为 A、E、I、O、U、X，各级别 TR_{ij} 值逐渐递减，且各级别的作业单位对数应符合一定的比例，表 12.29 给出了综合相互关系等级与划分的一般比例。

表 12.29　综合相互关系等级与划分比例

关系密集	符号	作业单位对比例
绝对必要靠近	A	1 ~ 3
特别重要靠近	E	2 ~ 5
重要	I	3 ~ 8
一般	O	5 ~ 15
不重要	U	20 ~ 85
不希望靠近	X	0 ~ 10

需要说明的是，将物流与非物流相互关系进行合并时，应注意 X 级关系密级的处理，任何一级物流密级与 X 级非物流关系密级合并时，不应超过 O 级。对于某些极不希望靠近的作业单位间的相互关系，可以定为 XX 级。

⑦ 经过调整，建立综合相关系数表。

（2）实例

下面仍以叉车总厂为例，说明如何建立作业单位综合相互关系表。

由表 12.24 与表 12.28 给出的叉车总装厂作业单位之间物流相互关系与非物流相互关系并不一致。为了确定各作业单位之间综合相互关系密切程度，需要将两表进行合并。其过程如下：

① 加权值选取。加权值大小反映工厂布置时考虑因素的侧重点，对于叉车总厂来说，物流影响并不明显大于其他因素的影响，因此取加权值 $m : n = 1 : 1$。

② 综合相互关系计算。根据各作业单位对间物流与非物流关系导致高低进行量化，并加权共和，求出综合相关系，详见表 12.30。

当作业单位数目为 N 时，总的作业单位对数可用以下公式计算：

$$P = \frac{N(N-1)}{2}$$

对于上例,$N = 14$,则 $P = 91$。因此,表 12.30 中共有 91 个作业单位对,即 91 个相互关系。

③ 划分关系密级。在表 12.30 中,综合关系分数取值范围为 $-1 \sim 8$,按表 12.31 统计出各段分数段作业单位对的比例,参考表 12.29 划分综合关系密级。

表 12.30　作业单位间综合相互关系计算表

作业单位对	关系密级				综合关系	
	物流关系 加权值:1		非物流关系 加权值:1			
	等级	分数	等级	分数	分数	等级
1 – 2	U	0	E	3	3	I
1 – 3	U	0	E	3	3	I
1 – 4	I	2	I	2	4	E
1 – 5	E	3	I	2	5	E
1 – 6	E	3	E	2	6	E
1 – 7	U	0	U	0	0	U
1 – 8	U	0	U	0	0	U
1 – 9	U	0	I	2	2	I
1 – 10	U	0	U	0	0	I
1 – 11	U	0	U	0	0	U
1 – 12	U	0	U	0	0	U
1 – 13	U	0	U	0	0	U
1 – 14	U	0	I	2	2	I
2 – 3	U	0	E	3	3	I
2 – 4	U	0	U	0	0	U
2 – 5	U	0	X	−1	−1	X
2 – 6	U	0	X	−1	−1	X
2 – 7	U	0	U	0	− 0	U
2 – 8	U	0	U	0	0	U

作业单位对	关系密级				综合关系	
	物流关系 加权值：1		非物流关系 加权值：1			
	等级	分数	等级	分数	分数	等级
2－9	U	0	U	0	0	U
2－10	O	1	E	3	4	E
2－11	O	1	U	0	1	O
2－12	U	0	U	0	0	U
2－13	U	0	X	－1	－1	X
2－14	U	0	I	2	2	I
3－4	U	0	U	0	0	U
3－5	U	0	U	0	0	U
3－6	U	0	U	0	0	U
3－7	O	1	I	2	3	I
3－8	E	3	I	2	5	E
3－9	U	0	U	0	0	U
3－10	U	0	U	0	0	U
3－11	U	0	U	0	0	U
3－12	U	0	U	0	0	U
3－13	U	0	U	0	0	U
3－14	U	0	I	2	2	I
4－5	E	3	A	4	7	A
4－6	U	0	O	1	1	O
4－7	I	2	A	4	6	E
4－8	O	1	I	2	3	I
4－9	U	0	E	3	3	I
4－10	U	0	U	0	0	U
4－11	U	0	O	1	1	O
4－12	U	0	U	0	0	U

续表

作业单位对	关系密级				综合关系	
	物流关系 加权值:1		非物流关系 加权值:1			
	等级	分数	等级	分数	分数	等级
4 – 13	U	0	I	2	2	I
4 – 14	U	0	U	0	0	U
5 – 6	U	0	U	0	0	U
5 – 7	U	0	U	0	0	U
5 – 8	U	0	U	0	0	U
5 – 9	I	2	E	3	5	E
5 – 10	U	0	X	−1	−1	X
5 – 11	U	0	U	0	0	U
5 – 12	U	0	U	0	0	U
5 – 13	U	0	X	−1	−1	X
5 – 14	U	0	U	0	0	U
6 – 7	U	0	U	0	0	U
6 – 8	U	0	U	0	0	U
6 – 9	U	0	U	0	0	U
6 – 10	E	3	X	−1	2	U*
6 – 11	U	0	U	0	0	U
6 – 12	U	0	U	0	0	U
6 – 13	U	0	X	−1	−1	X
6 – 14	U	0	O	1	1	O
7 – 8	I	2	E	3	5	E
7 – 9	U	0	U	0	0	U
7 – 10	U	0	U	0	0	U
7 – 11	U	0	I	2	2	I
7 – 12	U	0	U	0	0	U
7 – 13	U	0	I	2	2	I

续表

作业单位对	关系密级				综合关系	
	物流关系 加权值：1		非物流关系 加权值：1			
	等级	分数	等级	分数	分数	等级
7－14	U	0	O	1	1	O
8－9	O	1	I	2	3	I
8－10	E	3	I	2	5	E
8－11	A	4	E	3	7	A
8－12	U	0	U	0	0	U
8－13	U	0	E	3	3	I
8－14	U	0	I	2	2	I
9－10	U	0	U	0	0	U
9－11	U	0	U	0	0	U
9－12	U	0	U	0	0	U
9－13	U	0	O	1	1	O
9－14	U	0	U	0	0	U
10－11	U	0	U	0	0	U
10－12	U	0	U	0	0	U
10－13	U	0	X	－1	－1	X
10－14	U	0	U	0	0	U
11－12	A	4	A	4	8	A
11－13	U	0	O	1	1	O
11－14	U	0	U	0	0	U
12－13	U	0	O	1	1	O
12－14	U	0	E	3	3	I
13－14	U	0	I	2	2	I

表 12.31　综合相互关系密级等级划分

总分	关系密级	作业单位对数	百分比/%
7～8	A	3	3.3
4～6	E	9	9.9
2～3	I	18	19.8
1	O	8	8.8
0	U	46	50.5
-1	X	7	7.7
总计		91	100

应该注意,综合相互关系应该是合理的,表 12.30 中"U*"所注作业单位 6 与 10 之间物流关系为 E 级,而非物流关系为 X 级,计算结果为 I 级,即出现了重要的关系密级,这显然是不合理的,表中最后调整为 U 级。

③ 建立作业单位综合相互关系表。将表 12.30 中的综合相互关系总分转化为关系密级等级,绘制成作业单位综合相互关系表,如表 12.32 所示。

表 12.32　作业单位综合相互关系表

12.2.6　工厂总平面布置

12.2.6.1　工厂总平面布置的一般步骤

工厂总平面布置就是对生产车间、管理部门、仓储部门、生产与生活服务部门的建筑物、道路和场地等区域进行布置,按照相互关系的密切程度做出合理的布局。采用 SLP 法进行工厂总平面布置的首要工作就是对各作业单位间的相互关系做出分析,包括物流的和非物流的相互关系,经过综合,得到作业单位综合相互关系表。然后,根据综合相互关系表指示的各作业单位间相互关系密切程度的高或低,决定各作业单位间距离的近或远,并安排各作业单位的相互位置,绘制作业单位位置相关图。将各作业单位实际占地面积与作业单位位置相关图相结合,就形成了作业单位面积相关图。通过修正和调整,得到数个可行的布置设计方案,最后通过评价择优,选出某个设计方案作为工厂总平面布置图。

12.2.6.2 作业单位位置相关图

在 SLP 法中,工厂总平面布置并不直接去考虑各作业单位的占地面积的几何形状,而是从各作业单位间相互关系的密切程度出发,安排各作业单位间的相对位置,关系密级高的作业单位间距离近,关系密级低的作业单位间距离远,由此形成作业单位位置相关图。

当作业单位数量较多时,作业单位间相互关系数目就非常多,一般为作业单位数量的平方量级,因此即使只考虑 A 级关系,也有可能同时出现很多个,这就给如何入手绘制作业单位位置相关图造成了困难。为了解决这个问题,引入综合接近程度的概念。所谓某一作业单位综合接近程度,等于该作业单位与其他所有作业单位间量化后的关系密级的总和。这个值的高低反映了该作业单位在布置图上是应该处于中心位置还是应该处于边缘位置。为了计算各作业单位的综合接近程度,把作业单位综合相互关系表变换成右上三角矩阵与左下三角矩阵表格对称的方阵表格,然后量化关系密级,并按行或列累加关系密级分数,其结果就是某一作业单位的综合接近程度。

叉车总装厂作业单位综合接近程度计算结果,如表 12.33 所示。

综合接近程度分数越高,说明该作业单位越应该靠近布置图的中心;分数越低,说明该作业单位越应该处于布置图的边缘。因此,布置设计应当按综合接近程度分数高低顺序进行,即按综合接近程度分数高低顺序为作业单位排序,如表 12.33 所示。

在作业单位位置相关图中,采用号码表示作业单位,用表 12.34 所示的符号来表示作业单位的工作性质与功能。作业单位之间的相互关系用相互之间的连线类型来表示,如表 12.35 所示;也可以利用表中推荐的颜色来表示作业单位的工作性质与关系密级,以使图形更直观。有时,为了绘图简便,往往采用〇内标注号码来表示作业单位,而不严格区分作业单位性质;也可以用虚线来代替波折线表示 X 级关系密级。

绘制作业单位位置相关图的过程是一个逐步求精的过程,整个过程要条理清楚、系统性强,一般按下列步骤进行。

(1)从作业单位综合相互关系表出发,求出各作业单位的综合接近程度,并按其高低将作业单位排序。

(2)按图幅大小,选择单位距离长度,并规定:关系密级为 A 级的作业单位对之间距离为一个单位距离长度,E 级为两个单位距离长度,以此类推。

(3)从作业单位综合相互关系表中,取出关系密极为 A 级的作业单位对,并将所涉及的作业单位按综合接近程度分数高低排序,得到作业单位序列 A_{k1},A_{k2},$\cdots$,A_{k_n},其中,下标为综合接近程度排序序号,且有 $k_1 < k_2 < \cdots < k_n$。

(4)将综合接近程度分数最高的作业单位 A_{k1} 布置在布置图的中心位置。

表 12.33 综合接近程度排序表

作业单位代号	1	2	3	4	5	6	7	8	9	10	11	12	13	14	15
1		$\frac{I}{2}$	$\frac{I}{2}$	$\frac{E}{3}$	$\frac{E}{3}$	$\frac{E}{3}$	$\frac{U}{0}$	$\frac{U}{0}$	$\frac{I}{2}$	$\frac{U}{0}$	$\frac{U}{0}$	$\frac{U}{0}$	$\frac{U}{0}$	$\frac{I}{2}$	
2	$\frac{I}{2}$		$\frac{I}{2}$	$\frac{U}{0}$	$\frac{X}{-1}$	$\frac{X}{-1}$	$\frac{U}{0}$	$\frac{U}{0}$	$\frac{U}{0}$	$\frac{E}{3}$	$\frac{U}{0}$	$\frac{U}{0}$	$\frac{X}{-1}$	$\frac{I}{2}$	—
3	$\frac{I}{2}$	$\frac{I}{2}$		$\frac{U}{0}$	$\frac{U}{0}$	$\frac{U}{0}$	$\frac{I}{2}$	$\frac{E}{3}$	$\frac{U}{0}$	$\frac{U}{0}$	$\frac{U}{0}$	$\frac{U}{0}$	$\frac{U}{0}$	$\frac{U}{0}$	—
4	$\frac{E}{3}$	$\frac{U}{0}$	$\frac{U}{0}$		$\frac{A}{4}$	$\frac{U}{0}$	$\frac{E}{3}$	$\frac{U}{0}$	$\frac{U}{0}$	$\frac{U}{0}$	$\frac{U}{0}$	$\frac{U}{0}$	$\frac{I}{2}$	$\frac{U}{0}$	—
5	$\frac{E}{3}$	$\frac{X}{-1}$	$\frac{U}{0}$	$\frac{A}{4}$		$\frac{U}{0}$	$\frac{U}{0}$	$\frac{U}{0}$	$\frac{E}{3}$	$\frac{X}{-1}$	$\frac{U}{0}$	$\frac{U}{0}$	$\frac{X}{-1}$	$\frac{U}{0}$	—
6	$\frac{E}{3}$	$\frac{X}{-1}$	$\frac{U}{0}$	$\frac{U}{0}$	$\frac{U}{0}$		$\frac{U}{0}$	$\frac{E}{3}$	$\frac{U}{0}$	$\frac{U}{0}$	$\frac{U}{0}$	$\frac{U}{0}$	$\frac{X}{-1}$	$\frac{U}{0}$	—
7	$\frac{U}{0}$	$\frac{U}{0}$	$\frac{U}{0}$	$\frac{U}{0}$	$\frac{U}{0}$	$\frac{U}{0}$		$\frac{E}{3}$	$\frac{U}{0}$	$\frac{U}{0}$	$\frac{U}{0}$	$\frac{I}{2}$	$\frac{U}{0}$	$\frac{I}{2}$	—
8	$\frac{U}{0}$	$\frac{U}{0}$	$\frac{E}{3}$	$\frac{U}{0}$	$\frac{U}{0}$	$\frac{E}{3}$	$\frac{E}{3}$		$\frac{I}{2}$	$\frac{E}{3}$	$\frac{A}{4}$	$\frac{U}{0}$	$\frac{U}{0}$	$\frac{I}{2}$	—
9	$\frac{I}{2}$	$\frac{U}{0}$	$\frac{U}{0}$	$\frac{U}{0}$	$\frac{U}{0}$	$\frac{U}{0}$	$\frac{E}{3}$	$\frac{I}{2}$		$\frac{U}{0}$	$\frac{U}{0}$	$\frac{I}{2}$	$\frac{U}{0}$	$\frac{U}{0}$	—
10	$\frac{U}{0}$	$\frac{E}{3}$	$\frac{U}{0}$	$\frac{U}{0}$	$\frac{X}{-1}$	$\frac{U}{0}$	$\frac{U}{0}$	$\frac{E}{3}$	$\frac{U}{0}$		$\frac{U}{0}$	$\frac{U}{0}$	$\frac{X}{-1}$	$\frac{U}{0}$	—
11	$\frac{U}{0}$	$\frac{U}{0}$	$\frac{U}{0}$	$\frac{U}{0}$	$\frac{U}{0}$	$\frac{U}{0}$	$\frac{U}{0}$	$\frac{A}{4}$	$\frac{U}{0}$	$\frac{U}{0}$		$\frac{A}{4}$	$\frac{U}{0}$	$\frac{U}{0}$	—
12	$\frac{U}{0}$	$\frac{U}{0}$	$\frac{U}{0}$	$\frac{U}{0}$	$\frac{U}{0}$	$\frac{U}{0}$	$\frac{I}{2}$	$\frac{U}{0}$	$\frac{I}{2}$	$\frac{U}{0}$	$\frac{A}{4}$		$\frac{I}{2}$	$\frac{I}{2}$	—
13	$\frac{U}{0}$	$\frac{X}{-1}$	$\frac{U}{0}$	$\frac{I}{2}$	$\frac{X}{-1}$	$\frac{X}{-1}$	$\frac{U}{0}$	$\frac{U}{0}$	$\frac{I}{2}$	$\frac{X}{-1}$	$\frac{U}{0}$	$\frac{I}{2}$		$\frac{I}{2}$	—
14	$\frac{I}{2}$	$\frac{I}{2}$	$\frac{U}{0}$	$\frac{U}{0}$	$\frac{U}{0}$	$\frac{U}{0}$	$\frac{I}{2}$	$\frac{I}{2}$	$\frac{U}{0}$	$\frac{U}{0}$	$\frac{U}{0}$	$\frac{I}{2}$	$\frac{I}{2}$		—
15	—	—	—	—	—	—	—	—	—	—	—	—	—	—	
综合接近程度	17	7	11	18	7	3	13	21	10	4	13	7	7	14	
排序	3	12	7	2	11	14	5	1	8	13	8	10	9	4	

表 12.34　作业单位工作性质符号

工艺过程图表符号及作用	说明作业单位及区域的扩充符号	颜色区别	黑白图纹
◯ 操作	◯ 成形或处理加工区	绿	
	◯ 装配、部件装配拆卸	红	
⇨ 运输	⇨ 与运输有关的作业单位/区域	橘黄	
▽ 存储	▽ 储存作业单位/区域	橘黄	
⊔ 停滞	⊔ 停放或暂存区域	橘黄	
□ 检验	□ 检验、测试、检查区域	蓝	
	⌂ 服务及辅助作业单位/区域	蓝	
	⇧ 办公室或规划面积,建筑特征	棕(灰)	

表 12.35　关系密级表示方式

元音字母	系数值	线条数	密切程度等级	颜色规范
A	4		绝对必要	红
E	3		特别重要	橘黄
I	2		重要	绿
O	1		一般	蓝
U	0		不重要	不着色
X	-1		不希望	棕
XX	-2,-3,-4?		极不希望	黑

（5）按 A_{k2}，A_{k3}…，A_{kn} 顺序依次把这些作业单位布置到图中。布置时，应随时检查待布置作业单位与图中已布置的作业单位间的关系密级，选择适当位置进行布置，出现矛盾时应修改原有布置。用不同的连线类型表示图上各作业单位之间的关系密级。

（6）按 A、E、I、O、U、X、XX 关系密级顺序，选择当前处理的关系密级 F。

（7）从作业单位综合相互关系表中，取出当前处理的关系密级 F 涉及的作业单位队，并将所涉的作业单位按综合接近程度分数高低排序，得到作业单位序列 A_{k1}，A_{k2}，…，A_{kn}。

（8）检查 A_{k1}，A_{k2}，…，A_{kn} 是否已在布置图中出现。若出现，则要进一步查看作业单位位置是否合理，若不合理，则需要修改原有布置，然后从序列中筛除已出现的作业单位，得到需要布置的作业单位序列 A_{k1}，A_{k2}，…，A_{kn}。

（9）按 A'_{k1}，A'_{k2}，A'_{k3}，…A'_{kn} 顺序依次把作业单位布置到图中。布置时，应随时检查待布置作业单位与图中已布置的作业单位间的关系密级，选择适当的位置进行布置，出现矛盾时应修改原有布置。注意用不同类型的连线表示图上各作业单位之间的关系密级。

（10）若 F 为 XX，则布置完毕，得到了作业单位位置相关图，否则取 F 为下一个关系密级，重复步骤(7)～(10)。

在绘制作业单位位置相关图时，设计者一般要绘制 6～8 次，每次不断增加作业单位和修改其布置，最后才能达到满意的布置。

具体对叉车总装厂来说，绘制作业单位位置相关图的步骤如下：

（1）第一步处理关系密级为 A 级的作业单位对。

① 从作业单位综合相互关系表中取出 A 级关系作业单位对，有 8－11、4－5、11－12，共涉及 5 个作业单位，按综合接近程度分数排序为 8，4，11，12，5。

② 将综合接近程度分数最高的作业单位 8 布置在位置相关图的中心位置。

③ 处理作业单位对 8－11。将作业单位 11 布置到图中某一距离作业单位 8 为单位距离长度(如 10mm)的位置上，如图 12.17a 所示。

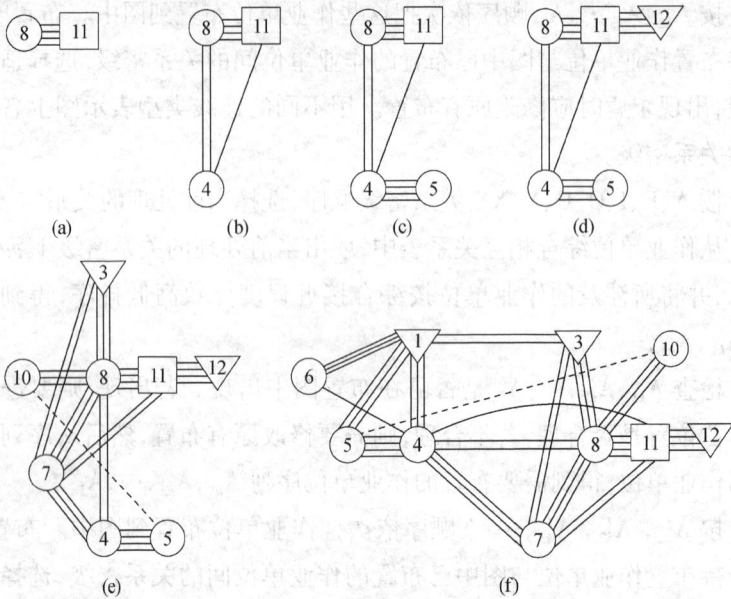

图 12.17 作业单位位置相关图绘制步骤

④布置综合接近程度分数次高的作业单位 4 的位置。由于作业单位 4 与图上已有的作业单位 8 和 11 均为非 A 级关系,则应从综合相互关系表中取出 4-8、4-11 的关系密级,结果分别为 I 级和 O 级,即作业单位 4 与 8 的距离应为 3 个单位距离长度,而作业单位 4 与 11 的距离应为 4 个单位距离长度,可选择如图 12.17b 的位置布置作业单位 4。

⑤处理与作业单位 4 有关的 A 级关系 4-5,从综合相互关系表中取出图中已存在的作业单位 8 和 11 与作业单位 5 的关系,均为 U 级。关系密级 U 为不重要的关系,则只重点考虑作业单位 4 和 5 的关系,将作业单位 5 布置到如图 12.17c 所示的位置上。

⑥下一个要处理的作业单位为 11,已布置在图上,只需要直接处理与作业单位 11 关系为 A 级的作业单位 12 的位置。从综合相互关系表中取出作业单位 12 与 8,4,5 的关系密级,均为 U 级,综合考虑的结果将作业单位 12 布置在如图 12.17d 所示的位置上。

至此,作业单位综合相互关系表中,具有 A 级关系的作业单位对间的相对位置均已确定。

（2）第二步处理相互关系为 E 的作业单位对。

① 从综合相互关系表中取出具有 E 级关系的作业单位对,有 1 – 4,1 – 5,1 – 6,2 – 10,3 – 8,4 – 7,5 – 9,7 – 8,8 – 10,涉及的作业单位按综合接近程度分数排序为 8,4,1,7,3,9,5,10,2,6。

② 首先处理与作业单位 8 有关的作业单位 3,7,10,布置顺序为 7,3,10。对于作业单位 7 与图中存在的作业单位 8,4,11,12,5 的关系密级分别为 E,E,I,U,U,重点考虑较高级的关系,将作业单位 7 布置到图中,而后依次布置作业单位 3 和 10。布置中要特别注意作业单位 10 与 5 之间的 X 级关系密级,应使作业单位 10 与 5 尽量远离。布置结果如图 12.17e 所示。

处理过程中已经发现,随着布置出的作业单位的增加,提出处理的作业单位对的关系也随之增加。为了使进一步的布置工作更简捷,应该在从综合相互关系表中取出相互关系时做出标记,以后不再重复处理。

③ 随后处理作业单位 4,与之相关的作业单位对有 1 – 4 和 4 – 7,作业单位 1 与图中已存在的作业单位 4 和 3 关系密级均为 E 级。由图 12.17e 可以看出,作业单位 1 难以按其要求布置到作业单位 4 和 3 距离大致相同的位置上,为此必须修改原有布置方案,重新布置方案如图 12.17f 所示。

④ 处理剩余作业单位。

（3）第三、四、五步分别处理位置相关图中仍未出现的 I、O、U 级作业单位对。

最后重点调整 X 级作业单位对的相互位置,得出最终的作业单位位置相关图,如图 12.18 所示。

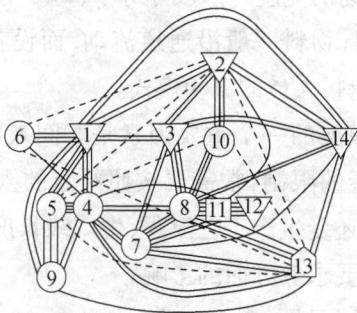

图 12.18　作业单位位置相关图

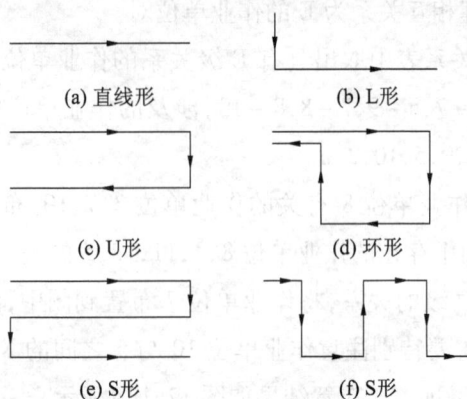

(a) 直线形　　　　　　　(b) L形

(c) U形　　　　　　　(d) 环形

(e) S形　　　　　　　(f) S形

图 12.19　基本流动模式

12.2.6.3　作业单位面积相关图

将各作业单位的占地面积与空间几何形状结合到作业单位位置相关图上,就得到了作业单位面积相关图。在这个过程中,首先需要确定各作业单位建筑物的实际占地面积与外形(空间几何形状)。

(1) 作业单位占地面积与外形

作业单位的基本占地面积由设备占地面积与人员活动场地等因素决定,在前文关于作业单位的划分一节中已有论述。这里重点讨论与作业单位建筑物实际占地面积与外形密切相关的建筑物结构与物料流动模式。

工厂建筑物一般都采用标准化设计与施工,建筑物的柱、梁都是标准的,因此建筑物的柱距、跨距值都是标准序列值。一般柱距为 6,而跨距为 6,12,15,18,24,30 m。若柱数为 m、跨数为 n、跨距为 w,则建筑物的长度外形尺寸等于 $6 \times (m-1) +$ 柱长,建筑物的宽度外形尺寸等于 $(wn +$ 柱宽)。

对于生产、储运部门,物料一般沿通道流动,而设备一般也是沿通道布置的,通道的形式决定了物料、人员的流动模式。

选择车间内部流动模式的一个重要因素是车间入口和出口的位置。由于外部运输条件或原有布置的限制,常需要按照给定的入口、出口位置来规划流动模式。此外,流动模式还受生产工艺流程、生产线长度、场地、建筑物外形、物料搬运方式与设备、储存要求等方面的影响。

基本流动模式有 5 种(见图 12.19):

① 直线形。直线形是最简单的一种流动模式,入口与出口位置相对,建筑

物仅有一跨,外形为长方形,设备沿通道两侧布置。

②L形。适用于现有设施或建筑物不允许直接流动的情况,设备布置与直线形相似,入口与出口分别处于建筑物两相邻侧面。

③U形。适用于入口与出口在建筑物同一侧面的情况,生产线长度基本上相当于建筑物长度的两倍,一般建筑物为两跨、外形近似于正方形。

④环形。适用于要求物料返回到起点的情况。

⑤S形。在一固定面积上,可以安排较长的生产线。

通常,实际流动模式是由 5 种基本流动模式组合而成的。新建工厂时,可以根据生产流程要求及各作业单位之间物流关系选择流动模式,进而确定建筑物的外形尺寸。

（2）作业单位面积相关图的绘制步骤

有了作业单位建筑物的占地面积与外形后,可以在坐标纸上绘制作业单位面积相关图。

① 选择适当的绘图比例,一般比例为 1：100,1：500,1：1000,1：2000,1：5000,绘图单位为 mm 或 m。

② 将作业单位位置相关图放大到坐标纸上,各作业单位符号间应留出尽可能大的空间,以便安排作业单位建筑物。为了图面简洁,只需绘出重要的关系,如 A、E 及 X 级连线。

③ 按综合接近程度分数大小顺序,由大到小依次把各作业单位布置到图上。绘图时,以作业单位符号为中心,绘制作业单位建筑物外形。作业单位建筑物一般都是矩形的,可以根据生产流程要求及各作业单位间的物流关系选择流动模式,进而确定建筑物的外形尺寸。

（3）作业单位面积相关图的绘制步骤

有了作业单位建筑物的占地面积与外形后,可以在坐标纸上绘制作业单位面积相关图。

① 选择适当的绘图比例,一般比例为 1：100,1：500,1：1000,1：2000,1：5000,绘图单位为 mm 或 m。

② 将作业单位位置相关图放大到坐标纸上,各作业单位符号间应留出尽可能大的空间,以便安排作业单位建筑物。为了图面简洁,只需绘出重要的关系,如 A、E 及 X 级连线。

③ 按综合接近程度分数大小顺序,由大到小依次把各作业单位布置到图上。绘图时,以作业单位符号为中心,绘制作业单位建筑物外形。作业单位建筑物一般都是矩形的,可以通过外形旋转角度,获得不同的布置方案。当预留空间不足时,需要调整作业单位位置,但必须保证调整后的位置符合作业单位位置相关图要求。

④ 经过数次调整与重绘,得到作业单位面积相关图。图 12.20 为叉车总装厂作业单位面积相关图。

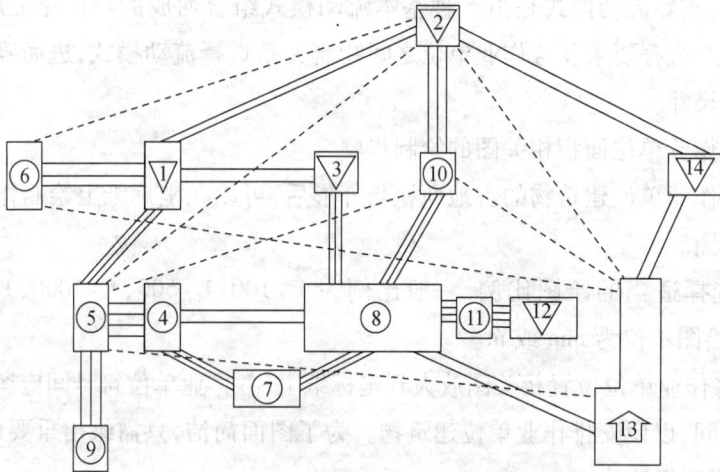

图 12.20 叉车总装厂作业单位面积相关图

12.2.6.4 作业单位面积相关图的调整

作业单位面积相关图是直接从位置相关图演化而来的,只能代表一个理论上的、理想的布置方案,必须通过调整修正才能得到可行的布置方案。因此,从上述工厂总平面布置设计原则出发,考虑除 5 个基本要素以外的其他因素对布置方案的影响,这些因素可以分为修正因素与实际条件限制因素两类。

(1) 修正因素

① 物料搬运方法。物料搬运方法对布置方案的影响主要包括搬运设备种类特点、搬运系统基本模式及运输单元(箱、盘等)。

在面积相关图上,可反映出作业单位间的直线距离,而由于道路位置、建筑物的规范形式的限制,实际搬运系统并不总能按直线距离进行,物料搬运系统有三种基本型式:直线道路的直接型、规定道路搬运的渠道型、采用集中分配区的中心型系统,如图 12.21 所示。

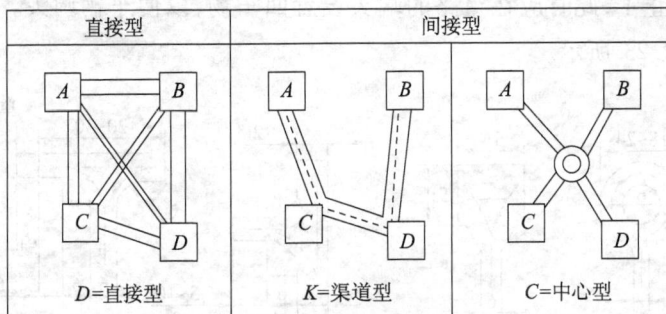

图 12.21 物料搬运系统的基本型式

对于每一种搬运系统,都有与之相应的搬运方法——设备及容器的型式。

② 建筑特征。作业单位的建筑物应采用定型设计,即应保证道路的直线性与整齐性、建筑物的整齐规范及公用管线的条理性。

③ 道路。厂区内的道路不但承担着物料运输的任务,还起着分隔作业单位、防火、隔振等作用。厂内道路的布置应满足如下基本要求:a. 道路布置应适应工艺流程需要,满足物料搬运要求,力求短捷、安全、联系方便。b. 道路系统应适应公用管线、绿化等要求,符合《厂矿道路设计规范》有关技术要求。c. 满足生产、安全、卫生、防火及其他特殊要求。d. 避免货运线路与人流线路交叉,避免公路与铁路交叉。e. 厂内道路系统一般应采用正交和环形布置,交叉路口和转弯处的视距不应小于30m。

根据工厂生产工艺、物料搬运特点,厂内道路一般有环状式、尽端式和混合式三种基本形式(见图 12.22):

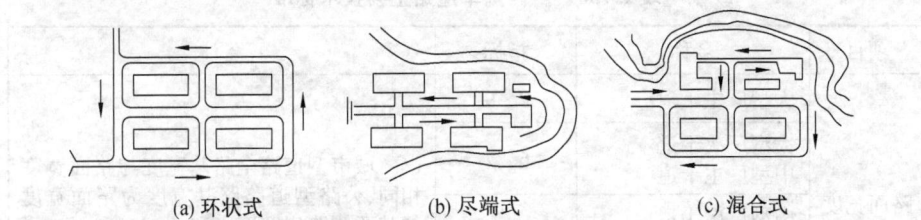

图 12.22 道路布置形式

① 环状式道路布置。环状式道路围绕各车间布置,各部门联系方便,利于厂内分区,适于场地条件较好的场合。

② 尽端式道路布置。当因条件限制不能采用环状式道路布置时,车道通至某地点就终止了,此时应在道路的端头设置回车场,以便车辆调头。回车场的形式如图 12.23 所示。

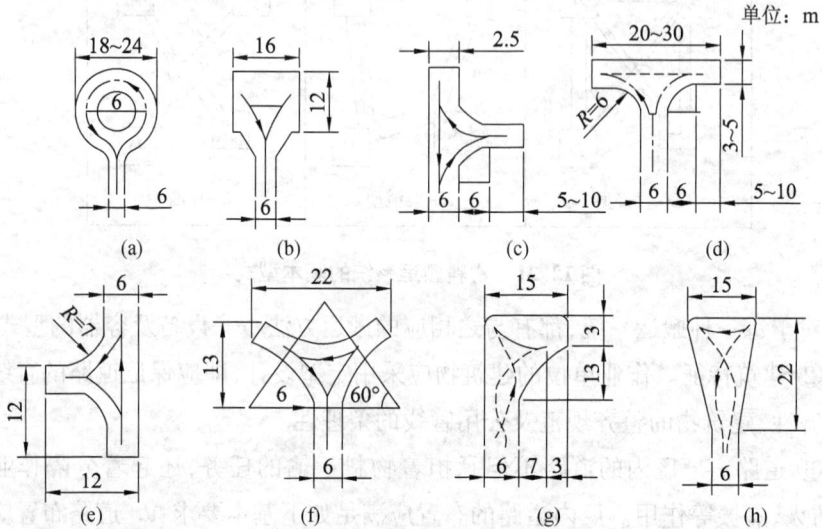

图 12.23　回车场的基本形式

③ 混合式道路布置。混合式道路布置就是同时采用环状式和尽端式两种道路布置形式,是一种灵活的布置形式,适于各种类型的工矿企业。

厂内道路一般应符合《厂矿道路设计规范》,表 12.36 给出了厂内汽车道路主要技术标准,表 12.37 给出了电瓶车专用道路主要技术指标,供工厂总平面布置时参考。

表 12.36　厂内汽车道路主要技术标准

项目	名称	指标	备注
路面宽度/m	大型厂主干道	7 ~ 9	城市型道路全路基宽度与路面宽度相同,公路型道路路基宽度为路面宽度与其两侧路肩宽度之和
	大型厂次干道 中型厂主干道	6 ~ 7	
	中型厂次干道 小型厂主干道	4.5 ~ 6	
	厂内辅助道路	3 ~ 4.5	
	车间引道	3 ~ 4	或与车间大门宽度相适应

续表

项目	名称		指标	备注
路肩宽度/m	主干道、次干道辅助道		1.0~1.5	当经常有履带式车辆通行时,路肩宽度一侧可采用 3 m. 在条件困难时,路肩宽度可减为 0.5~0.75 m
最小转弯半径/m	行驶单辆汽车		9	1. 最小半径值均从路面内缘算起 2. 车间引道的最小转弯半径不应小于 6 m 3. 在困难条件下(陡坡处除外),最小转弯半径可减至 3 m 4. 通行 80 t 以上的平板挂车道路,其最小转弯半径可按实际需求来确定
	汽车带一辆拖车		12	
	15~25 t 平板挂车		15	
	40~60 t 平板挂车		18	
最大纵坡/%	主干道	平原微丘区	6	1. 特殊困难处的最大纵坡:次干道可增加 1%,辅助道可增加 2%,车间引道可增加 3% 2. 经常有自行车通行的路段,最大纵坡不宜大于 4% 3. 经常运输危险品的车道,纵坡不宜大于 6%
		山岭重丘区	8	
	次干道、辅助道、车间引道		8	
最小纵坡/%			0.2	当能保证路面雨水排除的情况下,城市型道路的最小纵坡可采用平坡
视距/m	会车视距		30	
	停车视距		15	
	交叉口视距		20	
竖曲线最小半径/m	凸形		300	当纵坡变更处的两相邻坡度代数差大于 2% 时,设置圆形竖曲线
	凹形		100	
纵向坡段的最小长度/m			50	

表 12.37　电瓶车道主要技术指标　　　　　　　　　　　　　　　m

指标名称		指标	备注
车道宽度	单车道	2.0	
	双车道	3.5	
最小转弯半径		4.0	困难情况下可采用 3.0 m
视距		10	
最大纵坡		4.0	
曲线最小曲线半径:凸形、凹形		100	

另外,厂内道路与建筑物之间应留有一定距离,供绿化、排水沟渠及公用管线使用,具体参数详见表12.38、表12.39及表12.40。

表12.38 厂内道路至相邻建筑物、构筑物的最小距离

序号	相邻建筑物、构筑物名称			最小距离 /m
1	一般建筑物外墙	当建筑物面向道路的一侧无出入口时		1.5
		当建筑物面向道路的一侧有出入口而无汽车引道时		3.0
		当建筑物面向道路的一侧有出入口且有汽车引道时	连接引道的道路为单车道时	8.0
			连接引道的道路为双车道时	6.0
			出入口为蓄电池搬运车引道时	4.5
2	特殊建构筑物	散发可燃气体、可燃蒸汽的甲类厂房;甲类库房;可燃液体贮罐;可燃、助燃气体贮罐	主要道路	10
			次要道路	5.0
		易燃液体贮罐;液化石油气贮罐	主要道路	15
			次要道路	10
3	消防车道至建筑物外墙			5~25
4	铁路中心线		标准轨道	3.75
			窄轨	3.0
5	围墙	当围墙有汽车出入口时,出入口附近		6.0
		当围墙无汽车出入口而路边有照明电杆时		2.0
		当围墙无汽车出入口而路边无照明电杆时		1.5
6	各类管线支架			1.0~1.5
7	绿化	乔木(至树干中心线)		1.0
		灌木(至灌木丛边缘)		0.5
8	装卸台边缘(在站台区段内按右列数值加宽路面至站台边,以便停放汽车)	当汽车平行站台停放时	解放 CA-10	3.0
			黄河 JN-150	3.5
		当汽车垂直站台停放时	解放 CA-10	10.5
			黄河 JN-150	11.0

表 12.39 树木与相邻建筑物、构筑物之间的距离

建筑物、构造物和地下管线名称		最小水平间距/m	
		至乔木中心	至灌木中心
建筑物外墙	有窗	5.0	1.5~2.0
	无窗	2.0	1.5~2.0
围墙		2.0	1.0
栈桥的柱		2.0~3.0	不限
冷却池边缘		40.0	不限
标准轨距铁路中心线		5.0	3.5
道路路面边缘		1.0	0.5
人行道边缘		0.75	0.5
排水明沟边缘(固沟林除外)		1.0~1.5	0.5~1.0
给水管管壁		1.5	0.5
排水管管壁		1.5	0.5
热力管(沟)管(沟)壁		1.5	1.5
煤气管管壁		1.5	1.5
乙炔、氧气、压缩空气管管壁		1.5	1.0
电力电缆外缘		1.5	1.0
照明电缆外缘		1.0	0.5

表 12.40 一般地区明沟至建筑物距离

明沟边缘至			最小距离/m
建筑物基础边缘			3.0
围墙			1.5
管线	地上与地下管道外壁		1.0
	架空管线支架基础边缘	一般管道	1.0
		煤气、天然气、氧气管道	1.5
乔木中心(树冠直径不大于 5 m)			1.0
灌木中心			0.5

续表

明沟边缘至		最小距离/m
人行道路面边缘		1.0
粉料堆场边缘	一般	5.0
	困难条件	3.0
挖方坡顶	一般	5.0
	土质良好,且边坡不高(或明沟铺砌)	2.0
挖方坡脚	边坡高度≥2.0 m	0.5 ~ 1.0
	边坡高度 <2.0 m 或边坡加固	0
填方坡脚	一般	2.0
	地质和排水条件良好或采取措施足以保证填土稳定时	1.0

④ 隔离防噪声。在实际布置设计中,为减少振动与噪声对生产质量及人身健康的危害,一般采取减振降噪措施或使人员密集区和精密车间远离震源的方法。表12.41 给出了各种情况下噪声防护间距参考值。

表 12.41　几种建筑物的噪声防护间距

序号	噪音源	防护对象	间距/m	备注
1	水泥厂粉磨车间	办公室	30 ~ 40	
2	发电厂磨煤厂房	有实验室的办公室	25 ~ 30	
3	焦化厂鼓风机室(抽风机室)	实验室、办公室、计量室	40 ~ 50	
4	噪声 00dB 以上的车间	消防车库	100	如焦化厂鼓风机室
5	金属结构车间	厂部大厦	50 以上	对工作人员无影响
6	铆接工作地点	办公室	40 ~ 50	影响听觉
7	铆接工作地点	办公室	150	无影响
8	金属结构车间	办公大楼、工程大楼	35 ~ 45	车间通道传出的声音较大,相对建筑物的大门避免直对,以减少影响

续表

序号	噪音源	防护对象	间距/m	备注
9	压气机房、扇风机房、其他大噪声车间	卷扬机房、办公室、生活用室	20～30	
10	噪声车间	化验室、医务所、幼儿园	30～50	
11	压气机房	居住及公共建筑	50	

⑤ 场地自然地理条件与环境。厂区内外的自然地理条件、公共交通现状、环境污染等方面因素都会影响布置方案。

工厂所在地区的日照与风象对建筑物的朝向有很大影响,表 12.42 列出了我国部分地区建筑物的朝向。

当存在烟尘、异味等空气污染时,应注意全年盛行风向的影响,避免人员密集区受到空气污染。

表 12.42　我国部分地区建筑朝向

地区	最佳朝向	适宜朝向	不宜朝向
北京地区	南偏东 30°以内 南偏西 30°以内	南偏东 45°范围 南偏西 45°范围	北偏西 36°～60°
石家庄地区	南偏东 15°	南至南偏东 30°	西
上海地区	南至南偏东 15°	南偏东 30° 南偏西 15°	北、西北
太原地区	南偏东 15°	南偏东到东	西北
济南地区	南、南偏东 10°～15°	南偏东 30°	西偏北 5°～15°
呼和浩特地区	南至南偏东 南至南偏西	东南、西南	北、西北
哈尔滨地区	南偏东 15°～20°	南至南偏东 15° 南至南偏西 15°	西、西北、北
福州地区	南、南偏东 5°～10°	南偏东 20°以内	西
长春地区	南偏东 30° 南偏西 10°	南偏东 45° 南偏西 45°	北、东北、西北
沈阳地区	南、南偏东 20°	南偏东至东 南偏西至西	东北东至西北西
南京地区	南偏东 15°	南偏东 25° 南偏西 10°	西、北

地区	最佳朝向	适宜朝向	不宜朝向
合肥地区	南偏东 5°~15°	南偏东 15° 南偏西 5°	西
杭州地区	南偏东 10°~15° 北偏东 6°	南、南偏东 30°	北、西
郑州地区	南偏东 15°	南偏东 25°	西北
武汉地区	南偏西 15°	南偏东 15°	西、西北
长沙地区	南偏东 9°左右	南	西、西北
广州地区	南偏东 15° 南偏西 5°	南偏东 22°30′ 南偏西 15°至西	
南宁地区	南、南偏东 15°	南、南偏东 15°~25° 南偏西 5°	东、西
西宁地区	南至南偏西 30°	南偏东 30°至南偏西 30°	北、西北
西安地区	南偏东 10°	南、南偏西	西、西北
银川地区	南至南偏东 23°	南偏东 34° 南偏西 20°	西、北
乌鲁木齐地区	南偏东 40° 南偏西 30°	东南、东、西	北、西北
成都地区	南偏东 45°至南偏西 15°	南偏东 45°至东偏北 30°	西、北
昆明地区	南偏东 25°~56°	东至南至西	北偏东 35° 北偏西 35°
拉萨地区	南偏东 10° 南偏西 5°	南偏东 15° 南偏西 10°	西、北
重庆地区	南、南偏东 10°	南偏东 15° 南偏西 5°、北	东、西
厦门地区	南偏东 5°~10°	南偏东 22°30′ 南偏西 10°	南偏西 25° 西偏北 30°

为了便于与外界联系,常把所有职能管理部门包括生活服务部门集中起来,布置在厂门周围,形成厂前区,而厂门应尽可能便于厂内外运输道路的衔接。

此外,建筑的美学因素、人员、公共管线、建筑物外形的改变、管理等方面都会对布置方案产生影响。

(2) 实际条件限制因素

上述修正因素是布置设计中应考虑的事项,而对设计有约束作用的现有条件则称为实际条件限制因素,包括给定厂区面积、成本费用、现有建筑物等条件的利用及政策法规等多方面的限制。

（3）工厂总平面布置图的形成

通过考虑多种方面因素的影响与限制,形成众多的布置方案,抛弃所有不切实际的想法,保留 2～5 个可行布置方案供选择。

采用规范的图例符号,将布置方案绘制成工厂总平面布置图,图 12.24 即为叉车总装厂一种布置方案图。

12.2.6.5　方案的评价与选择

通过对作业单位面积相关图的调整,已经取得了整个可行方案,应该对每个方案进行评价,选择出最佳方案,作为最终的工厂总平面布置方案。

一般,常用的布置方案的评价方法有加权因素法与费用对比法。

（1）加权因素法

工厂布置过程是一个多目标优化设计过程,某个可行的布置方案可能在某一目标因素方面是非常优越的,而在另一目标因素方面可能并不突出,其他布置方案可能正好相反。也就是说,各种布置方案各有优、缺点,需要进行综合评价,从中选出最优的布置方案。

加权因素法就是布置设计的目标分解成若干个因素,并对每个因素的相对重要性评定一个优先级(加权值),然后分别就每个因素评价各个方案的相对优劣等级,最后加权求和,求出各方案的得分,得分最高的方案就是最佳方案。

采用加权因素法进行方案评价的一般步骤如下:

① 列出所有对于选择布置方案有重要影响的因素。一般应该考虑的因素有物流效率与方便性、空间利用率、辅助服务部门的综合效率、工作环境安全与舒适性、管理的方便性、布置方案的可扩展性、产品质量及其他相关因素。用 f_i 表示第 i 个因素,其中,$i = 1,2,\cdots,n$。

② 评出每个因素之间的相对重要性——加权值 α_i,其中 $i = 1,2,\cdots,n$。

③ 布置方案优劣等级划分。由于布置方案优劣得分难以准确得出,且没有必要给出准确得分,因此,通过优劣等级评定给出某个方案在某些方面的优劣分数。等级可以分为非常优秀、很优秀、优秀、一般和基本可行 5 个等级,并规定等级符号分别取 A(4)、E(3)、I(2)、O(1)、U(0),括号中的数字为各等级相对分数。

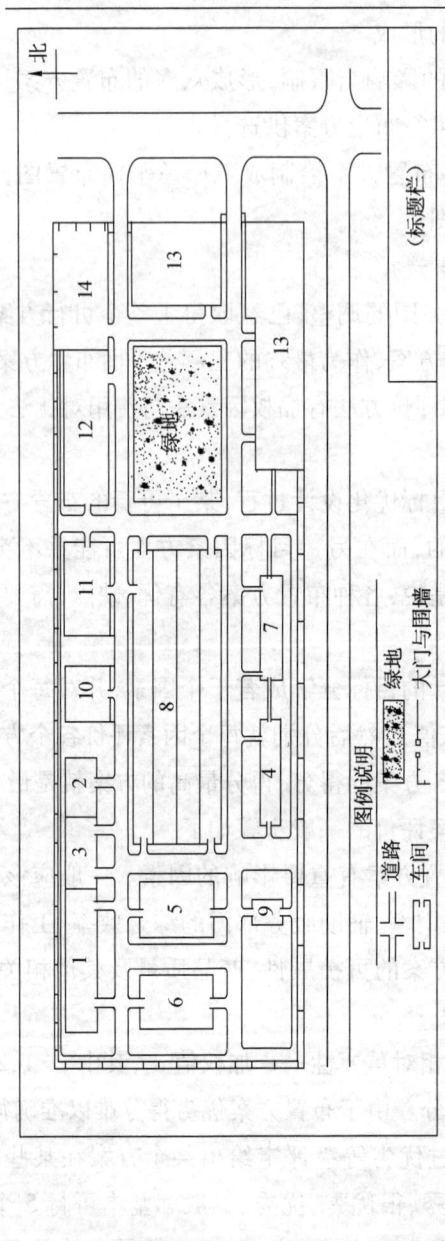

图 12. 24 叉车总装厂平面布置图

图例说明

道路
车间
绿地
大门与围墙

④ 评价每个方案在各方面的分数。用 d_{ij} 表示第 j 个方案第 i 项因素的得分,其中 $i = 1, 2, \cdots, n$; $j = 1, 2, \cdots, n$。

⑤ 求出各方案的总分。设 T_j 表示第 j 个方案的总分,则

$$T_j = \sum \alpha_i d_i \quad i = 1, 2, \cdots, n$$

式中,n 为因素数目。

⑥ 取 $T_{\max} = \mathrm{MAX}\{ T_j \mid j = 1, 2, \cdots, n \}$,即 $T_{\max}$ 为最高的总分,获得最高总分的方案就是最佳方案。

上述评分过程中,应由各方面的专家独立进行评分,以保证评价结果的可靠性。

（2）费用对比法

费用对比法一般是在各个方案都已证明是合理、可行的情况下,从经济角度对方案进行比较择优。

分析评价时,可以着重对布置方案的物流费用、基建费用等方面进行综合评价,费用最低的方案就是最佳方案。

12.3 课程设计的题目、步骤和要求

12.3.1 课程设计任务书

12.3.1.1 设计题目

液压转向器厂总平面布置设计。

12.3.1.2 设计内容与要求

《液压转向器厂总平面布置设计》内容与要求如下:

（1）液压转向器厂物流分析。

（2）液压转向器厂作业单位相互关系分析。

（3）作业单位位置相关图,相当于 A1 图样的坐标纸一张。

（4）作业单位面积相关图,相当于 A1 图样的坐标纸一张。

（5）液压转向器厂总平面布置图三套,A1 图样三张。

（6）评价择优,选出最佳总平面布置图。

（7）编写设计说明书,工作量不少于 12000 字。

12.3.1.3 原始给定条件

当地现有一叉车修理厂,占地面积为 16000 m^2,厂区南北长为 200 m,东西

宽为 80 m,所处地理位置如图 12.25 所示。该厂职工人数 300 人,计划改建成年产 6000 套液压转向器的生产厂,需要完成工厂总平面布置设计。

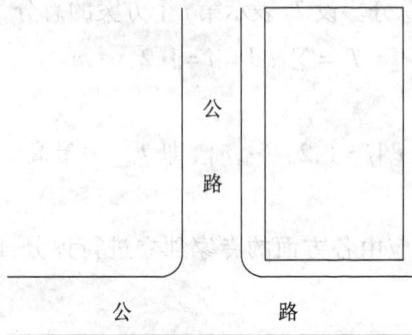

图 12.25　代建液压转向器厂厂区图

(1) 液压转向器结构及有关参数

液压转向器的基本结构如图 12.26 所示,由 22 个零组件的名称、材料、单件重量及年需求量均列于表 12.43 中。

(2) 作业单位划分

根据液压转向器结构及工艺特点,液压转向器厂设立如表 12.44 所示的 11 个作业单位,分别承担原材料存储、备料、热处理、加工与装配、产品性能试验、生产管理与服务等各项生产任务。

(3) 液压转向器生产工艺过程

由于液压转向器结构比较简单,因此其生产工艺过程也很简单,总的工艺过程可分为零组件制作与外购,半成品暂存,组装,性能试验与成品存储等阶段。

① 零组件制作与外购。液压转向器上的标准件、异形件如塑料护盖、铝制标牌等都是采用外购、外协的方法获得,入厂后由半成品库保存。其他零件由本厂自制,其工艺过程分别见表 12.45 至表 12.57。

表中各工序加工前工件重量为:该工序加工后工件重量/该工序材料利用率。

② 标准件、外购件与半成品暂存。生产出的零组件经车间内检验合格后,送入半成品库暂存。

定期订购的标准件和外协件均存放在半成品库。

1 2 3 4 5 6 7 8 9 10 11 12 13 14 15 16

17

$\phi 40_{-0.1}^{0}$ $\phi 30$ $\phi 22\frac{H7}{s6}$

18

O形橡胶密封圈
24×2.4 GB 1235-16

8

O形橡胶密封圈
50×31 GB 1235-16

轻型弹簧垫圈
8GB 859-87

L_1

L

内六角圆柱头螺钉
M8×20 GB 10-85

H

S

22

钢球$\phi 7$
GB 308-84

20

19

21

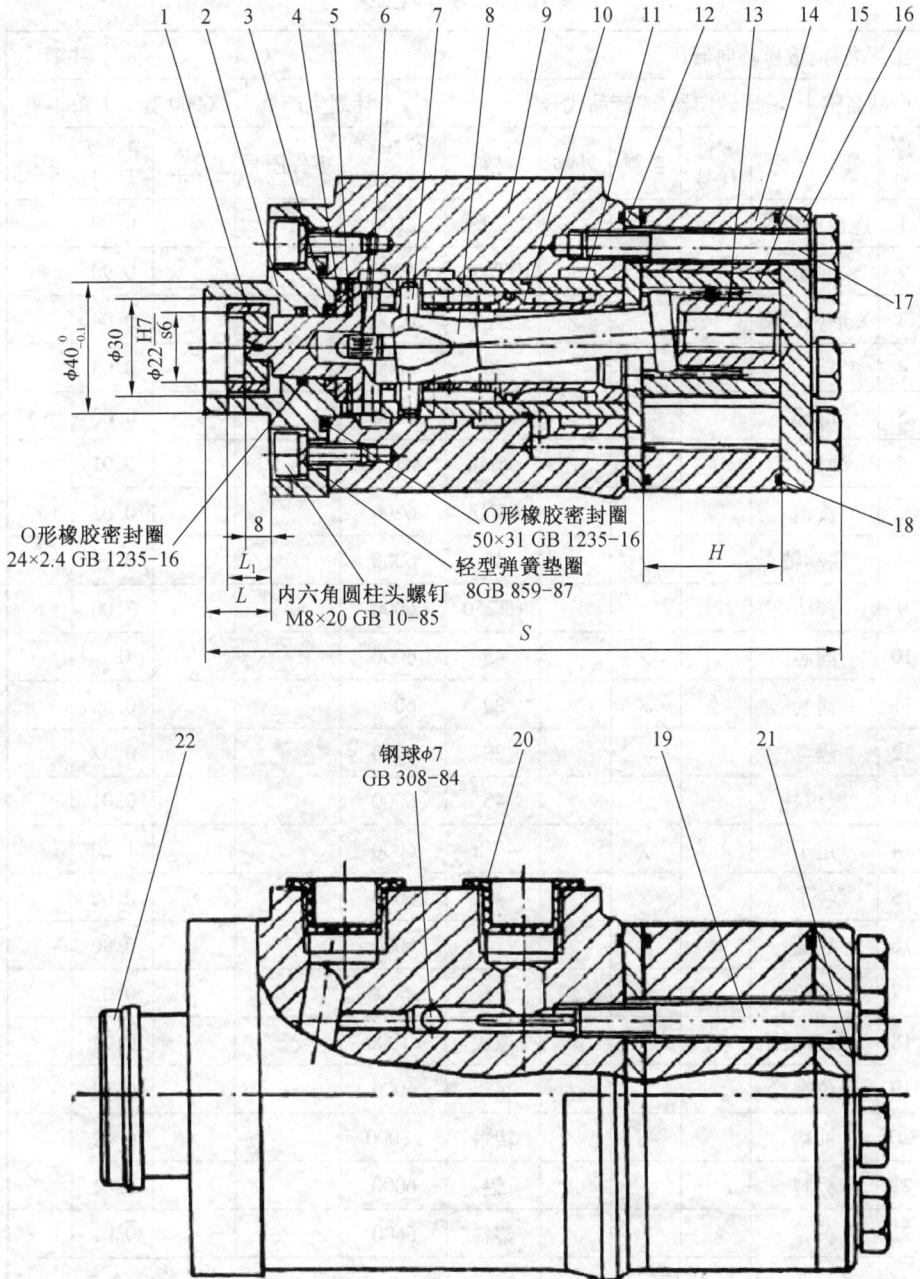

图 12.26 液压转向器结构

表 12.43 零件明细表

工厂名称:液压转向器厂										共 1 页
产品名称	液压转向器		产品代号			计划生产量		6000 套		第 1 页
序号	零件名称	零件代号	自制	外购	材料	总计划需求量	零件图号	形状尺寸	单件重量( )	说明
1	连接块组件		✓		20	6000			0.09	
2	前盖		✓		HT250	6000			0.90	
3	X形密封图			✓	橡胶	6200			0.04	
4	挡环		✓		20	6000			0.03	
5	滑环		✓		20	6000			0.03	
6	弹簧片			✓	65Mn	42000			0.01	
7	拨销			✓	65Mn	6200			0.02	
8	联动轴		✓		45	6000			0.27	
9	阀体		✓		HT250	6000			7.00	
10	阀芯		✓		45	6000			0.6	
11	阀套		✓		20	6000			0.56	
12	隔盘		✓		20	6000			0.32	
13	限位柱		✓		45	6000			0.01	
14	定子		✓		40Cr	6000			1.20	
15	转子		✓		45	6000			0.60	
16	后盖		✓		20	6000			0.80	
17	螺栓			✓	45	36000			0.02	
18	O形密封圈			✓	橡胶	21000			0.01	
19	限位螺栓			✓	45	6000			0.02	
20	油堵			✓	塑料	28000			0.01	
21	标牌			✓	铝	6000			0.01	
22	护盖			✓	塑料	6600			0.01	
编制(日期)		审核(日期)								

表 12.44 作业单位建筑物汇总表

序号	作业单位名称	用途	建筑面积/m²	结构形式	备注
1	原材料库	储存钢材、铸锭	20×30		露天
2	铸造车间	铸造	12×24		
3	热处理车间	热处理	12×12		
4	机加工车间	车、铣、钻削	18×36		
5	精密车间	精镗、磨削	12×36		
6	标准件、半成品库	储存外购件、半成品	12×24		
7	组装车间	组装转向器	12×36		
8	性能实验室	转向器性能检验	12×12		
9	成品库	成品储存	12×12		
10	办公、服务楼	办公室、食堂等	80×60		
11	设备维修车间	机床维修	12×24		

表 12.45 液压转向器零件加工工艺过程表

产品名称	件号	材料	单件重量/kg	计划年产量/套	年产总量/kg
连接块组件	1	20	0.09	6000	

序号	作业单位名称	工序内容	工序材料利用率/%
1	原材料库	备料	
2	机加工车间	车、镗、压装	55
3	半成品库	暂存	
4			
5			

表 12.46　液压转向器零件加工工艺过程表

产品名称	件号	材料	单件重量/kg	计划年产量/套	年产总量/kg
前盖	2	HT250	0.90	6000	

序号	作业单位名称	工序内容	工序材料利用率/%
1	原材料库	备料	
2	铸造车间	铸造	60
3	机加工车间	粗铣、镗、钻	80
4	精密车间	精镗	95
5	半成品库	暂存	
6			

表 12.47　液压转向器零件加工工艺过程表

产品名称	件号	材料	单件重量/kg	计划年产量/套	年产总量/kg
挡环	4	20	0.03	6000	

序号	作业单位名称	工序内容	工序材料利用率/%
1	原材料库	备料	
2	机加工车间	车削	40
3	半成品库	暂存	
4			
5			

表 12.48　液压转向器零件加工工艺过程表

产品名称	件号	材料	单件重量/kg	计划年产量/套	年产总量/kg
滑环	5	20	0.03	6000	

序号	作业单位名称	工序内容	工序材料利用率/%
1	原材料库	备料	
2	机加工车间	车削	40
3	半成品库	暂存	
4			
5			

表 12.49　液压转向器零件加工工艺过程表

产品名称	件号	材料	单件重量/kg	计划年产量/套	年产总量/kg
联动轴	8	45	0.27	6000	
序号	作业单位名称		工序内容		工序材料利用率/%
1	原材料库		备料		
2	机加工车间		车、铣		40
3	精密车间		精磨		99
4	半成品库		暂存		
5					

表 12.50　液压转向器零件加工工艺过程表

产品名称	件号	材料	单件重量/kg	计划年产量/套	年产总量/kg
阀体	9	HT250	7.00	6000	
序号	作业单位名称		工序内容		工序材料利用率/%
1	原材料库		准备铸锭		
2	铸造车间		铸造		60
3	机加工车间		粗铣、镗		70
4	精密车间		精镗		90
5	半成品库		暂存		
6					

表 12.51　液压转向器零件加工工艺过程表

产品名称	件号	材料	单件重量/kg	计划年产量/套	年产总量/kg
阀芯	10	45	0.6	6000	
序号	作业单位名称		工序内容		工序材料利用率/%
1	原材料库		备料		
2	机加工车间		粗车、钻、铣		70
3	热处理车间		热处理		
4	精密车间		精磨		99
5	半成品库		暂存		
6					

表 12.52　液压转向器零件加工工艺过程表

产品名称	件号	材料	单件重量/kg	计划年产量/套	年产总量/kg
阀套	11	20	0.56	6000	
序号	作业单位名称		工序内容	工序材料利用率/%	
1	原材料库		备料		
2	机加工车间		车削	80	
3	半成品库		暂存		
4					
5					

表 12.53　液压转向器零件加工工艺过程表

产品名称	件号	材料	单件重量/kg	计划年产量/套	年产总量/kg
隔盘	12	20	0.32	6000	
序号	作业单位名称		工序内容	工序材料利用率/%	
1	原材料库		备料		
2	机加工车间		铣、钻	80	
3	半成品库		暂存		
4					

表 12.54　液压转向器零件加工工艺过程表

产品名称	件号	材料	单件重量/kg	计划年产量/套	年产总量/kg
限位柱	13	45	0.01	6000	
序号	作业单位名称		工序内容	工序材料利用率/%	
1	原材料库		备料		
2	机加工车间		车、镗	70	
3	热处理车间		热处理		
4	精密车间		端磨	99	
5	半成品库		暂存		
6					

表 12.55 液压转向器零件加工工艺过程表

产品名称	件号	材料	单件重量/kg		计划年产量/套	年产总量/kg
定子	14	40Cr	1.20		6000	
序号	作业单位名称		工序内容		工序材料利用率/%	
1	原材料库		备料			
2	热处理车间		退火			
3	机加工车间		车、钻、插、铣		50	
4	热处理车间		调质			
5	精密车间		研磨		99	
6	半成品库		暂存			
7						

表 12.56 液压转向器零件加工工艺过程表

产品名称	件号	材料	单件重量/kg		计划年产量/套	年产总量/kg
转子	15	45	0.60		6000	
序号	作业单位名称		工序内容		工序材料利用率/%	
1	原材料库		备料			
2	热处理车间		正火			
3	机加工车间		车、铣、钻		70	
4	热处理车间		淬火			
5	精密车间		研磨		99	
6	半成品库		暂存			
7						
8						

表 12.57　液压转向器零件加工工艺过程表

产品名称	件号	材料	单件重量/kg	计划年产量/套	年产总量/kg
后盖	16	20	0.80	6000	
序号	作业单位名称		工序内容		工序材料利用率/%
1	原材料库		备料		
2	机加工车间		车、钻		80
3	半成品库		暂存		
4					
5					
6					

（4）自然气象条件

自然气象等条件按学生所在地的条件加以考虑。

12.3.2　课程设计的步骤

良好的设计程序是工厂总平面布置设计成功的关键。为保证设计质量,减少设计中的反复,可以参考下述步骤进行液压转向器厂总平面布置设计。

12.3.2.1　基本要素分析

在本课程设计任务书及给定原始条件中,已经给出了待布置设计的液压转向器厂的产品、产量、工艺过程、作业单位划分情况及时间安排等基本要素。在此,重要的是要清楚地了解产品的组成及各个零件的制作工艺路线,为进一步的物流分析做好准备。

12.3.2.2　物流分析

物流分析是机械制造厂平面布置的基础,只有在进行准确的物流分析后,才有可能得到合乎需要的布置方案。

（1）产品工艺过程分析

① 分析给定的工艺过程表,通过对产品加工、组装、检验等各加工阶段及各工艺过程路线的分析,计算每个工艺过程的各工序中加工前工件单件重量及产生的废料重量,并折算成全年重量。

② 分别绘制各个自制零、组件工艺过程图。

③ 汇总形成产品总的工艺过程图,特别注明各工序(作业单位)之间的全年物流量。

（2）物流分析

① 根据产品总的工艺过程图，统计各作业单位之间的物流强度。当存在逆向物流时，物流强度等于正、逆物流强度之和，统计的结果填入物流强度汇总表。

② 将各作业单位对的物流强度按大小排序，自大到小填入物流强度分析表，根据物流强度分布比例划分物流强度等级。

③ 填写作业单位物流相关表。

12.3.2.3　作业单位相互关系分析

按下列步骤进行作业单位相互关系分析：

（1）明确各作业单位的特点，包括工作内容、工作性质（生产、仓储、管理、生产服务或生活服务等），有无振动、噪声、烟尘及异味等环境污染。

（2）明确各作业单位与其他单位之间的重要联系，包括工艺流程、物流方面联系和工作性质相似性、生产管理、人员等方面联系。

（3）明确存在环境污染的作业单位对其他作业单位的影响。

（4）整理出作业单位相互关系影响因素，为 8～10 条。

（5）确定各个作业单位对之间影响相互关系的因素，并初步确定相互关系等级。

（6）调整相互关系等级比例，将最后的作业单位之间的相互关系等级填入作业单位相互关系表。

12.3.2.4　作业单位间物流与非物流相互关系合并

（1）通过产品特点分析，明确物流对生产的影响大小，确定出物流与非物流相互关系相对重要性（加权值）。

（2）利用作业单位之间综合相互关系表，量化物流与非物流相互关系等级，计算合并后的综合相互关系分数。

（3）统计各段分数作业单位对的比例，划分综合相互关系等级。

（4）填写作业单位综合相互关系表。

12.3.2.5　绘制作业单位位置相关图

（1）综合接近程度计算

利用综合接近程度排序表，量化综合相互关系等级，并计算出各作业单位综合接近程度，按综合接近程度分数由高到低排序。

（2）绘制作业单位位置相关图

按 A、E、I、O、U、X 级顺序，处理各级作业单位对间的相互位置，同级作业单位对按综合接近程度分数的高低顺序，安排各作业单位的位置。

12.3.2.6　绘制作业单位面积相关图

（1）按照布置工厂构成的复杂程度，选择图幅大小，工厂越复杂则图幅越大。

（2）按图样大小与厂区大小比例选择绘图比例，绘图比例一般取：

$$\frac{图样长度:厂区长度}{2}$$

或

$$\frac{图样宽度:厂区宽度}{2}$$

中的较小值，并圆整成标准值。

（3）将作业单位位置相关图放大到面积相关图图样上，放大时应使位置相关图居中布置，并在各作业单位之间留有尽量大的空间。

（4）按综合接近程度高低顺序，将各作业单位面积汇入面积相关图中，若预留空间不够，则可适当调整。

12.3.2.7　绘制工厂总平面布置可行方案图

考虑修正因素与实际条件限制因素，修改调整面积相关图，包括如下因素：

（1）厂区占地面积大小。

（2）根据产品特点，确定物料搬运方法，如采用托盘搬运产品并用电瓶车来实现车间之间的运输。

（3）确定场内外的运输方式，一般采用汽车为运输工具。

（4）根据厂区地理条件选择道路形式及其技术参数，包括主、次干道路宽度、弯道半径、交叉路口转弯半径等。

（5）根据场外公路情况，设定数个厂门位置，形成多种布置方案。

（6）设置厂前区位置，合理改变办公、服务楼外形。

（7）考虑风向特别是盛行风向对作业单位相对位置的影响，避免烟尘、异味等空气污染影响人身健康。

（8）考虑建筑物朝向、间距、防火、防噪声等因素。

考虑上述各种因素，整理出三套可行性布置方案，按制图标标准绘制成工厂总平面布置方案图。

12.3.2.8 评价择优

（1）选择方案评价因素，如物料搬运效率及方便性、扩建可能性、生产管理的方便性、防止污染、安全生产、辅助服务方便性等。

（2）确定各因素的相对重要性（权值）。

（3）评比各方案的优劣等级。

（4）计算各方案的得分，得分最高的为最佳方案。

12.3.3 制图标准与设计说明书格式

12.3.3.1 图幅标准

绘制工厂平面布置图时，应采用标准图幅，如图 12.27 及表 12.58 所示。

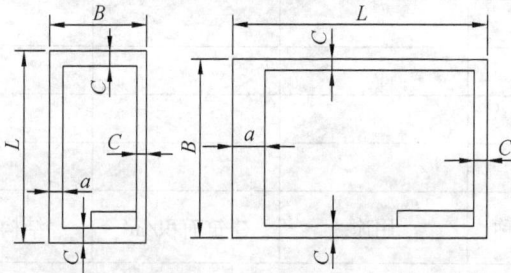

图 12.27　图样幅面

表 12.58　图样幅画尺寸　　　　　　　　　　　　　　　　　　mm

幅面代号	A0	A1	A2	A3
L	1189	841	594	420
B	841	594	420	297
C	10	10	10	5
A	25	25	25	25

12.3.3.2 图样比例

绘制工厂总平面布置图一般采用缩小比例，如 1：100，1：200，1：500，1：1000，1：2000，1：5000 等。

12.3.3.3 标题栏与明细表格式

工厂总平面布置图标题栏与明细表格式参见表 12.59。

表 12.59　平面布置图标题栏与明细表

序号	作业单位名称	用途	建筑面积/m²	结构形式	备注
工程名称			图号		
设计		年 月 日	工程项目	比例	
制图		年 月 日		阶段	
审核		年 月 日	图样内容	第　张	共　张

12.3.3.4　规范图例

在工厂总平面布置图中,采用多种规范图例表示工厂的各组成部分。常用的规范图例参见表 12.60。

12.3.3.5　设计说明书组成

设计说明书是整个设计工作的总结,是设计成果的书面表述和重要组成部分。设计说明书应由封面、设计任务书、评语、正文目录、正文及参考文献等构成。

（1）封面。封面应注明课程设计说明书名称、学生姓名、指导教师姓名等内容。

（2）设计任务书。设计任务书应给出设计题目、设计内容与要求等。

（3）评语。在学生完成设计任务后，经答辩，由指导教师根据学生完成设计情况、答辩情况及答辩小组意见，写出适当的评语并签名，供存档用。

（4）正文目录。按章、节列出正文目录。

（5）正文。正文应包括整个设计过程的主要内容，即包括所有设计步骤表格及必要的简图、要求计算准确、条理清楚、逻辑性强。

（6）参考文献。按照标准格式书写参考文献。

（7）附录。可列出设计说明书中重要的计算表格等。

表 12.60　常用规范图例

名称	图例	说明
新设计的建筑物	××车间	1．比例小于 1:2 000 时，可以不画出入口 2．需要时可在右角上以点数（或数字）表示层数 3．⑤表示建筑物编号
新设计的有铁路引入的建筑物		车间内铁路按实际长度画出
原有的建筑物		在设计中拟利用者，均应编号说明或在图上注明
计划扩建的预留地或建筑物		用细虚线表示
拆除的建筑物		
转运站及通廊	NO	应注明转运站及通廊编号
地下建筑物或构筑物		用粗虚线表示

名称	图例	说明
散状物料露天堆场	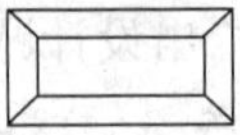	
其他材料露天堆场或露天作业场		
铺砌场地	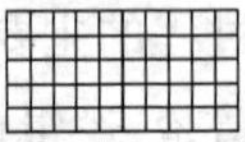	当铺砌场地面积较大时,可局部表示
敞棚或敞廊	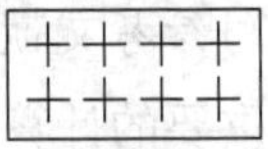	
露天桥式吊车	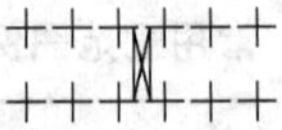	
龙门吊车	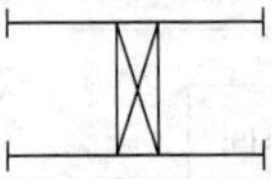	
贮罐或水塔	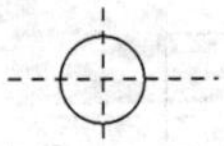	
烟囱	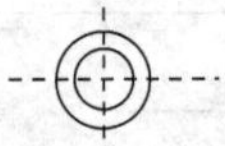	必要时可注明烟囱高度,并用虚线表示烟囱基础
围墙及大门	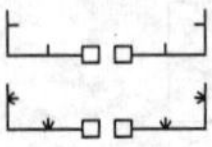	上图表示砖石、混凝土及金属材料围墙;下图表示镀锌铁丝网、篱笆等围墙
台阶	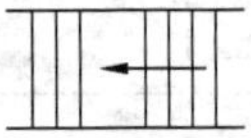	箭头表示下坡
排水明沟	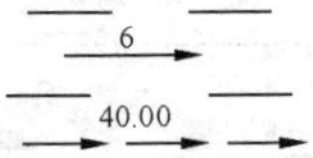	1.上图用于比较大的图面,下图用于比较小的图面 2. 6 表示 6‰,为沟底纵坡度;40.00 表示变坡点间距离,箭头表示流水方向
有盖的排水沟	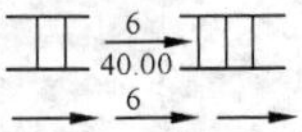	

续表

名称	图例	说明
新设计的道路	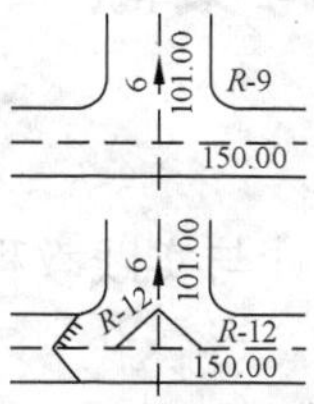	1. R 为道路转弯半径,150.00 表示路面中心标高,6 表示 6%,为纵坡度,101.00 表示变坡点间距离 2. 图中斜线为道路断面示意,根据实际需要绘制 3. 箭头表示流水方向 4. 上图一般用于厂内道路,下图一般用于矿区道路
原有道路	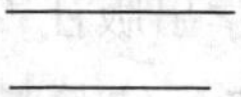	
计划的道路		
人行道	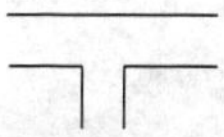	
桥梁		上图表示公路桥; 下图表示铁路桥

参考文献

[1]　曲凌. 慧鱼创意机器人设计与实践教程(第2版)[M]. 上海:上海交通大学出版社,2015.

[2]　景维华,曹双. 机器人创新设计——基于慧鱼创意组合模型的机器人制作[M]. 北京:清华大学出版社,2014.

[3]　王建华,黄贤凤. 生产物流系统建模与仿真. 北京:电子工业出版社,2014.

[4]　张绪柱,等. 工业工程实验与实习教程. 北京:机械工业出版社,2006.